우아한 단어
품격 있는 말

말맛은 살리고 표현은 섬세해지는 우리말 수업

우아한 단어 품격있는 말

박영수 지음

일러두기

---

1. 우리말 단어의 뜻은 《표준국어대사전》의 설명을 그대로 인용하거나 보완 및 수정하였다.

2. 이 책에서는 기본적으로 뜻과 쓰임에 공통점과 차이점이 있는 단어들을 모아서 비교 및 대조했다. 다만 뜻만 비슷할 뿐 쓰임에는 공통점이 없는 일부 단어도 함께 다루었다.

3. 이 책에서는 각 단어 간의 관계를 화살표로 나타내었다. 의미가 완전히 같지는 않아도 뜻과 쓰임이 유사한 단어는 '비슷한 말'로, 비슷한 말에 비해 의미의 차이가 있지만 서로 공통점이 있거나 자주 함께 쓰이는 단어는 '관련된 말'로, 뜻이 서로 전혀 다른 경우는 '다른 말'로 표기하였다. 또한, 한 단어를 기준으로 의미가 갈려 나와 다르게 사용되는 단어는 '파생된 말'로, 높여 이르는 말은 '높임말'로, 부정적인 뜻을 내포한 단어는 '부정적인 말' 등으로 표기하였다.

우리말만 잘 써도
인생이 달라진다

"좋은 하루 되세요." / "좋은 하루 보내세요."

이 두 가지 표현 중 어떤 말이 올바르고 적확한 표현인지 알 수 있는가? 사실 둘 다 일상에서 큰 구분과 고민 없이 광범위하게 쓰이고 있다. 그러나 첫 번째 문장의 '되다'라는 표현은 사람이 하루가 될 수 없음을 생각해 보면 두 번째 문장이 옳은 말임을 바로 알 수 있다.

언어는 생각을 표현하고, 그 사람의 교양 수준을 나타내는 기준이 된다. 인간은 풍부한 언어를 사용함으로써 여타 동물보다 뛰어난 존재가 될 수 있었다. 바꾸어 말하자면, 언어야말로 인간의 최대 무기이자 장점이라는 것이다. 그러므로 다양하고 고급스러운 표현은 개인적·사회적 관계 모두에서 우월한 경쟁력이 된다. 우리 옛말에도 말을 잘해 천 냥 빚을 갚는 사람이 있다고 하질 않는가?

그러나 요즘은 많은 사람이 자신의 언어 습관을 중요하게 여기지 않는 듯하다. 영어 철자 하나 틀린 건 부끄러워하면서 왜 우리

말을 틀리는 건 아무렇지 않게 여기는 것일까?

우리 인생에는 중요한 순간들이 갑자기 생겨나고 사라지며, 또 자신의 인상은 순간순간의 평가로 좌우되기도 한다. 이때 사소해 보이지만 큰 역할을 하는 것이 바로 '언어 표현'이다. 다시 말해, 내가 쓰는 말과 글이다. 예를 들어, 명문대 출신에 화려한 스펙의 신입사원이라도 업무 보고서를 올리며 '결제'를 해 달라고 한다면 그 사람에 대해 좋은 평가를 내릴 수 있을까?

우리말을 잘 쓰는 것, 나아가 좀 더 교양 있게 표현하는 법을 알면 나의 품위가 높아지고 삶의 품격을 키울 수 있다. 다만, 단순히 낱말을 양적으로 많이 아는 것만으로는 부족하다. 낱말의 뜻을 바로 알고 적재적소에 활용할 수 있어야 한다. 가능하다면 어원도 익혀 두는 게 좋다.

'노골적'과 '대놓고'라는 낱말은 어원을 모르면 그 차이를 알기 어렵고, 부인(婦人)과 부인(夫人) 역시 어원을 알아야 구분해서 쓸 수 있으며, 큰 건물의 앞문을 전문(前門)이 아닌 정문(正門)이라 말하는 연유를 알면 그에 맞게끔 처신할 게 분명하다. 친구의 부모님께도 '너네 아빠'보다는 '춘부장'이라 부르면 조금 더 정중하다고 인식된다.

이처럼 어휘력을 키우는 일은 내 생각과 감정을 품위 있게 표출하고 공감 능력과 소통 능력을 높이는 일이자, 나의 삶을 지적으로 만드는 일과 직결된다.

필자는 우리가 자주 쓰는 말들 중에서도 가장 헷갈리는 유사어, 같은 말이라도 더 교양 있는 표현 등을 이 책 안에 알기 쉽게 풀이했다. 공부와 학습의 차이에서부터 효시와 근원에 이르기까지 순우리말과 한자어의 어원과 의미를 함께 다루었다. 그뿐만 아니라 문학작품이나 최근 언론 기사를 인용한 예문을 넉넉히 제시하여 적절한 쓰임새를 직간접적으로 알려주고자 노력했다.

이 책을 일독(一讀)하면 독자는 탄탄한 어휘력을 기반으로 상황에 어울리는 낱말을 골라 쓸 수 있게 될 것이다. 여러 번 다시 읽어 완전한 나의 어휘력으로 만든다면 교양 있고 지적인 표현을 할 줄 아는 어른으로서의 삶을 살아갈 수 있을 것이다. 아무쪼록 독자 여러분이 다채로운 언어와 함께 보다 품격 있는 삶을 살 수 있기를 기원한다.

박영수

차례

제1장 말 한마디에서 변화가 시작된다
우리말의 재발견

제2장　아는 척 대신 진짜 아는 말을 늘려라
지식을 채우는 말

제3장 배려할수록 품위가 올라가는 말이 있다
관계를 넓히는 단어

제4장 표현 하나만 바꿔도 지적인 삶이 된다
성숙함을 더하는 단어

제5장   나의 언어의 한계는 나의 세계의 한계이다
아는 만큼 성장하는 말

제1장

말 한마디에서
변화가 시작된다

우리말의 재발견

'사용'과 '이용'은
다른 말이다

사용, 이용, 이용후생

사용 ←─ 비슷한 말 ─→ 이용 ←─ 관련된 말 ─→ 이용후생

◆ 사용

"진검과 가검을 번갈아 <u>사용</u>하는 액션 신에서 연기자들은 아무리
주의를 기울여도 다치기 마련이다." (KBS뉴스 2009.3.16.)

'사용(使用)'과 '이용(利用)'을 헷갈려 하는 사람이 은근히 있는데
그 의미를 제대로 알면 막을 수 있는 일이다.

사용은 시킴 또는 부림이란 의미를 지닌 사(使)에서 짐작할 수
있듯 사물을 쓰거나 사람을 부림을 이르는 말이다. 후추를 사용하

면 고기 누린내나 생선 비린내를 없앨 수 있고, 날씨가 갑자기 쌀쌀해지면 난방 기기 사용이 급증하며, 일회용품의 과다한 사용은 환경오염을 일으킨다. 도마뱀은 혀를 사용해 파리나 모기 따위를 잡아먹으며, 각 나라는 저마다 자국어를 사용해 소통한다.

사용과 연관 있는 단어로는 '대절(貸切)'이 있는데, 이는 일정 기간 다른 사람의 사용을 금하고 특정한 사람에게만 빌려주는 계약을 뜻한다. 이밖에 어떤 것을 반복적으로 사용한 횟수는 '사용 빈도', 기계나 기기의 기능이나 쓰는 방법을 설명한 글은 '사용 설명서', 사람의 욕망을 채울 수 있는 재화나 용역의 유용성은 '사용 가치'라고 말한다.

◆ 이용

"가정 형편이 어려운 대학생일수록 고금리 대출을 <u>이용</u>하는 비율이 높은 것으로 나타났다." (뉴시스 2012.6.14.)

사용이 일정한 목적이니 기능에 맞게 씀을 뜻한다면, 이용은 무엇을 필요에 따라 이롭게 씀을 의미한다. 다시 말해, 다른 사람이나 대상을 자신의 이익을 채우는 방편으로 쓰는 일이 이용이다. 어두운 밤 청계천에서 가로 조명을 이용해 기념 촬영을 하고, 폭설이 내린 날에는 자동차가 아니라 대중교통 이용해서 출퇴근 시간을 조절하고, 책을 읽고 싶은데 돈을 아끼고 싶다면 도서관을 이용하면 된다. 옛날에는 카나리아를 탄광에 데려가서 유독 가스가 누출되는지 탐지하도록 이용했고, 예나 지금이나 사람들은 학벌을 출세 수단으로 이용하며, 환경 보호에 관심 가진 사람은 폐식용유를 이용해 비누를 만든다. 이처럼 이용은 무언가를 이익이 되도록 활용하는 것이다. '남의 송아지로 밭갈기'라는 영국 속담은 남의 것을 이용해 힘들이지 않고 자신의 목적을 이룬다는 뜻이다.

◆ **이용후생**

"인간의 창조적, 기술적 지성을 도구로 사용하여 자연을 인간의 <u>이용후생</u>의 대상으로 삼고…." (안병욱, 《사색인의 향연》)

한편 '이용후생(利用厚生)'은 조선 후기 학자 홍대용, 이덕무, 박지원, 박제가 등이 백성의 일상생활에 이롭게 쓰이고 삶을 풍요롭게 하는 것이야 말로 실천적인 학문의 내용이라고 주장한 실학 이론을 이르는 말이다. 《서경(書經)》에서 비롯된 말로, 여기서 '이용'은 백성의 쓰임에 편리한 공작 기계나 유통 수단 등을 의미한다. 또한, '후생'은 의식(衣食) 등의 재물을 풍부하게 하여 백성의 삶을 풍요롭게 만든다는 것을 뜻한다.

조선 후기에 의리와 명분을 중시한 성리학을 대신하여 민생의 고통과 현실 문제를 해결하려는 실학사상이 대두되었다. 그리고 18세기 후반 청나라에 직접 가서 편리한 서구 문물에 눈을 뜬 북학파 학자들이 이용후생을 강조했다. 이들은 이용후생의 실천을 통해 부국안민(富國安民)을 이룩함이 급선무라고 주장하면서, 구체적으로는 상공업 진흥과 기술 혁신 따위의 이용후생 방법을 제시했다.

 우리말 사전

○ **사용(使用)** 물건을 쓰거나 사람을 부림.
○ **이용(利用)** 필요에 따라 이롭거나 쓸모 있게 씀.
○ **이용후생(利用厚生)** 기구를 잘 사용하여 먹고 입는 것을 풍부하게 하며, 생계에 부족함이 없도록 함.

'무관심한' 부모와 '무심한' 하늘

무심하다, 무관심하다, 몽따다, 시치름하다

◆ **무심하다**

"내가 <u>무심히</u> 그 곁을 지나쳐 버릴 수 없었던 것은 그녀의 기이한 버릇 때문이었다." (이동하,《장난감 도시》)

'무심(無心)'은 생각도 감정도 없는 상태를 일컫는 말이다. 불교에서는 그 어디에도 마음을 두지 않는 무심한 경지를 인간이 도달해야 할 참된 마음이라고 강조한다. 무심은 해탈(解脫)이나 다름없는 것이다.

그러나 타인의 관점에서 보면 무심한 이는 남의 일에 관심을 두지 않는 사람처럼 보인다. 그래서 하늘에 있는 신(神)이 전혀 관심을 두지 않는 것처럼 느껴질 정도로 안타깝거나 절망적인 상황일 때 '하늘도 무심하다'라는 관용어를 쓴다.

◆ **무관심하다**

"정치적 <u>무관심</u>은 정치 상황에 관심이 없는 상태를 이르는 말이다."

이에 비해 '무관심(無關心)'은 무엇에 끌리는 마음이나 흥미가 없음을 의미한다. 관계나 상관이 없음을 뜻하는 '무관계(無關係)'와 통하는 말로, 무엇을 하든 방관하는 태도로 괘념치 않을 때 '무관심하다'라고 말한다.

국민이 정치적 주제에 관심 두지 않는 것을 '정치적 무관심'이라 한다. 이러한 태도는 대체로 낮은 투표율로 이어진다. 또한, 정치 지배 계급이 대중의 눈을 연예 및 스포츠 등으로 돌리게 해 정치적 관심이나 비판에 무관심하도록 하는 것을 '우민정책(愚民政策)'이라 한다.

비슷한 뜻을 지닌 속담으로는 자신과 관계가 없는 일이라며 방관하는 모양을 나타낸 '강 건너 불구경'이라는 말이 있다.

◆ 몽따다

"그는 사실을 알면서도 **몽따고** 되물었다."

요컨대 감정이 없으면 무심하고, 흥미가 없으면 무관심하다. 그런가 하면 알고 있으면서 일부러 모르는 체하는 경우도 있으니 '몽따다'가 그것이다.

선생님으로부터 질문받은 학생은 대답하기 싫을 때 몽따고 책을 들여다본다. 전철 안에서 맞은편 의자에 앉은 사람 모습을 지켜보다 상대도 나를 바라보면 몽따고 다른 곳을 쳐다보며, 몰래 바라본 짝사랑하는 이성과 시선이 마주쳤을 때 급히 몽따고 어딘가를 보게 된다.

◆ 시치름하다

"옥례도 **시치름해서** 고개를 살래살래 내흔든다." (채만식,《보리방아》)

몽따다와 비슷한 말인 '시치름하다'는 쌀쌀하게 시치미를 떼는 태도가 천연스럽다는 뜻이다. 상대가 알아도 어쩔 수 없으나 일단 모르는 체하는 모습이 몽따다라면, 상대의 눈을 의식하고도 전혀 모르는 듯 짐짓 태연한 기색을 꾸미는 것이 시치름하다이다. 채만식은 소설《탁류》에서 시치름한 모습이 어떠한지 잘 설명했다.

판 사람들은 턱을 내밀고서 만족하고 산 사람들은 턱을 오므리고서 **시치를하고**, 이것은 천하에도 두 가지밖에는 더 없는 노름꾼의 표정이다.

 우리말 사전

○ **무심하다(無心하다)** 아무런 생각이나 감정 따위가 없다.
○ **무관심하다(無關心하다)** 관심이나 흥미가 없다.
○ **몽따다** 알고 있으면서 일부러 모르는 체하다.
○ **시치름하다** 짐짓 꽤 태연한 기색을 꾸미다.

'기피'와 '회피'의
미묘한 차이

금기, 기피, 회피

기피 ◀— 비슷한말 —▶ 금기 ◀—다른말—▶ 회피

◆금기

"각종 영화 홍보물에 제목을 노란색이나 검은색으로 쓰지 않는 금기 사항이 대표적이다." (헤럴드경제 2009.2)

'금기(禁忌)'라는 용어는 중국 당나라 이연수가 지은 《남사(南史)》에서 일월(日月)과 방위(方位) 등에 대해 꺼리는 일이란 뜻으로 처음 등장했다. 옛날에 천문(天文) 관찰은 미래를 점치는 행위인 동시에 국가적으로 중요한 일이었기에 함부로 말하면 안 되었다.

이후 금기는 행동하거나 말해서는 안 될 일 또는 피해야 할 것을 가리켰고, 신앙이나 관습으로 꺼리어 피한다는 뜻으로 쓰였다. 대부분 신앙적인 차원에서 부정(不淨)하다고 여겨지는 것에 접촉을 금했다.

이슬람교에서는 진흙탕에 뒹굴기 좋아하는 돼지를 더럽다고 생각해 금기로 여겼고, 우리나라에서는 양기의 상징인 복숭아가 음기인 조상신을 쫓아낸다고 생각해 제사상에 올리지 않았다. 또한 '말이 씨가 된다'라고 하여 불길한 일을 직접 말하지 않고 에둘러 표현했으며, 죽음에 대한 말 역시 금기여서 '돌아가다'라는 말로 대체해 표현했다.

유전적 이유로 동성동본 혼인도 금기였고, 배탈이나 식중독을 방지하고자 상극 관계인 음식을 함께 먹는 것도 금기였다. 그러므로 금기는 자칫 모르고 행하다 겪을 사고나 마찰을 막기 위해 미리 알려주는 사회적 배려라고 말할 수 있다.

그런데 강제적인 성격을 띤 금기는 모순되게도 유혹적으로 느껴지기에 사람들은 이따금 금기에 벗어난 행동을 했다. 19세기에 활동한 프랑스 작가 조르주 상드는 여성에게 금기였던 바지를 입어 화제를 낳았고, 여성의 남성풍 복장이 오히려 관능적이고 도발적이라는 사실을 일깨워 줬다.

이처럼 금기는 지켜야 할 관습이자 암묵적인 규칙이지만, 강력한 본능은 때론 이를 넘어선다는 사실을 박경리의 소설 《토지》에서 확인할 수 있다.

남녀 사이의 접촉은 <u>금기</u>로 되어 있었고 학칙은 또 추상같았지만 그럼에도 내밀하게 편지를 주고받는 학생들이 전혀 없는 것은 아니었다.

◆기피

"사랑을 <u>기피</u>하고 거짓 참음과 자기변명으로 치유되는 관계는 없다. 둘 사이의 균열만 더욱 깊어갈 뿐이다." (민용태,《남성을 보호하라》)

금기가 불길하게 여기거나 혹은 마음에 꺼려서 하지 않거나 피함을 가리키는 말이라면, '기피(忌避)'는 금기까지는 아니지만 어떤 대상이나 일 따위를 직접 하거나 부딪치기를 꺼리어 피함을 뜻하는 말이다.

운동경기에서는 승률 높은 상대를 기피하고, 정치인은 선거에서 자신보다 뛰어난 사람을 기피한다. 깔끔한 아름다움을 추구하는 사람은 털 노출을 기피하며, 신혼집과 아이 교육에 부담을 느끼는 젊은이는 결혼을 기피한다.

◆ 회피

"너의 이름을 **회피**하고 가명을 쓰려는 것, 그것이 네가 겁보인 증거다." (최인훈,《회색인》)

"**회피**가 아닌 대응으로 '나'를 지키는 방법을 배워요" (한겨레 2024.4.15.)

기피가 직접 하거나 부딪치기를 꺼리는 것이라면 '회피(回避)'는 꾀를 부려 책임지지 않으려는 것을 가리킨다. 기피는 되도록 그런 일이 일어나지 않기를 바라는 수동성이 강하고, 회피는 스스로 몸을 움직여 피하려는 능동성이 강하다. 회피의 뜻도 본래 '몸을 숨기고 만나지 아니함'이지만 결과적으로 '일하기를 꺼리어 선뜻 나서지 않음'을 의미하게 되었다.

20세기에 벌어진 전투에서 게릴라 부대는 정면 대결을 회피하고 기습전을 펼쳤으며, 건강한 육체를 추구하는 현대인은 고지방 음식을 회피하면서 규칙적으로 운동한다.

그렇지만 반드시 해야 하는 일인데 하지 않으려 회피하면 오히려 곤란한 상황과 마주하게 되는 경우가 많다. 예컨대 많은 사람이 죽는 대형 사고가 일어났을 때 당국자가 책임 회피에만 급급하면 유가족 및 대다수 국민은 분노하게 된다.

그런가 하면 사회적으로 정의를 실천하는 중요한 일이나 선거 투표 참여를 회피하면 부정이 판치게 된다. 법정 스님도 《무소유》에서 '이 시대의 실상을 모른 체하려는 무관심은 비겁한 회피이자 범죄'라고 말했다.

 우리말 사전

○ **금기(禁忌)** 　종교 또는 관습적인 이유로 하면 안 되거나 피해야 하는 일.
○ **기피(忌避)** 　꺼리거나 싫어하여 피함.
○ **회피(回避)** 　일하기를 꺼리어 선뜻 나서지 않음.

명령에 '복종'은 해도
'맹종'하지는 마라

복종, 순종, 맹종

순종 ◀—비슷한 말—▶ **복종** ◀—비슷한 말—▶ 맹종

◆ **복종**

"왕명을 받들고 나온 나 군부대신 어윤중의 명령에 **복종**할 자는 총
을 버리고 멀찍이 물러서라!" (유주현,《대한제국》)

'복종(服從)'은 '좇고 좇음'이란 뜻으로, 남의 명령이나 의사, 또는
규칙 따위에 조금도 어긋남이 없이 그대로 따르는 것을 이르는 말
이다. 타인이 옷을 입으라면 입고, 앉으라면 앉는 것이 곧 복종이
다. 일반적으로 질서는 규율을 어기지 않고 복종함으로써 유지된

다. 도로에서는 신호등 색깔대로 가거나 멈추어야 하고, 재난 상황에서는 대피 명령에 따라 움직여야 하며, 군대에서는 상관이 지시하는 대로 따라야 혼란 없이 질서 있는 상태가 계속된다.

강압을 행사한다고 해서 사람을 복종시킬 수는 없다. 불만이 내재된 복종이나 지배 관계는 서로를 향한 적대감을 유발한다. 지시자를 존경한다면 복종심을 가지지만, 그렇지 않으면 반감으로 반항할 수 있다.

사원을 거치지 않고 젊은 나이에 임원이 된 재벌 2세 중에는 부하 직원을 함부로 부리거나, 이른바 갑질로 사회적 말썽을 일으키는 사람도 드물지 않다. 그러하기에 '명령하기 전에 복종하는 법부터 배워라'라는 그리스 속담도 생겼다. 복종하는 자의 심리를 제대로 알아야 명령하는 요령을 깨우칠 수 있다는 뜻이다.

◆ 순종

"수동이는 고분고분 길상이 시키는 대로 <u>순종</u>한다." (박경리,《토지》)

복종이 권위를 가진 사람의 요구에 순응하는 행동이라면, '순종(順從)'은 타인의 부탁을 순순히 들어주는 행위라고 볼 수 있다. 순종은 자신의 비판적인 사고와 도덕관을 유지하면서 상대방의 의도에 따르는 자율적인 행동이다.

왕조 시대에 약소국이 대국에 조공을 바치고, 백성이 나라에 세금을 내고, 신앙을 가진 사람이 초자연적인 절대자를 믿고 따르는 일이 순종이다. 약소국은 침공을 받지 않으려고, 백성은 보호를 받기 위해, 신앙인은 영생을 얻고자 순종하는 것이다.

옛날에는 자식이라면 마땅히 부모에게 순종했고, 조선 시대에는 여필종부(女必從夫)라 하여 아내는 반드시 남편을 따라야 한다는 말도 있었다. 남편을 향한 아내의 불순종은 사회적인 죄악으로 여겨질 정도였는데, 이런 가치관은 삼강오륜(三綱五倫)을 덕목으로 하는 유교주의의 산물이었다.

그러나 순종이 미덕이던 시대는 지났다. 현대 사회에서는 자기 의사를 억누르고 비판 없이 순종하는 일이 더 이상 덕목으로 통하지 않는다. 평등이 강조되면서 합리적 타당성, 설득, 존경심 등에 의해 순종을 이끌어 내야 하는 환경으로 바뀌었기 때문이다.

◆ **맹종**

"베스트셀러 **맹종** 현상을 버리지 않는 한, 출간한 지 한 달도 안 돼 서점의 매대에서 책이 사라지는 악순환은 쉽게 고쳐지지 않을 것이다." (세계일보 2005.7.)

순종과 복종은 인간 사회의 선한 미덕이기도 하지만, '맹종(盲

從)'은 악덕이 될 가능성이 높다. 맹종은 맹인이 남의 손을 잡고 그 대로 따라가는 모습을 나타낸 말이다. 맹인이 흑백을 구별하지 못 하는 것과 같이 일의 시비나 선악에 구애받지 않고 무조건 추종하 는 것을 가리킨다. 다시 말해, 권위나 지시에 대한 무비판적이고 의심의 여지없는 따르려는 집착이 맹종인 것이다.

역사를 돌이켜 보면 맹목적 복종은 언제나 엄청난 폐해를 안겼 다. 주체성 없는 사대주의자들의 자국 문화 비판, 나치 정권의 유 대인 대학살, 억압적 군사정권이 민주 인사에 가했던 무자비한 고 문 및 처형은 독재적 통치자에게 맹종한 무리에 의해 저질러진 만 행이다. 저마다 옳고 그름을 가려서 처신했다면 벌어지지 않았을 일이다.

맹종은 개인의 자율성과 독립적 사고를 포기하고 누구든 그들 의 행동을 지배할 수 있게 하므로 민주적인 사회에서 가장 경계해 야 할 대상이다.

우리말 사전

○ **복종(服從)** 명령이나 의사에 그대로 따름.
○ **순종(順從)** 순순히 복종함.
○ **맹종(盲從)** 옳고 그름을 가리지 않고 남이 시키는 대로 무턱대고 따름.

모든 존재에게는
'근원'이 있다

효시, 근원, 최초

효시 ←─비슷한말─→ 근원 ←─비슷한말─→ 최초

◆ 효시

"옥토버페스트는 뮌헨이 고향이자 **효시**이지만 지금은 전 세계 2,000개가 넘는 장소에서 10월이 되면 닮은 꼴의 옥토버페스트가 열린다." (세계일보 2004.9.)

모든 일에는 시작이 있다. 오늘날 수험생에게 엿을 주며 합격을 기원하는 문화는 조선 시대에 과거 보러 나선 선비의 봇짐에 손바닥 크기의 검은엿을 넣으며 급제를 바란 일에서 비롯됐다.

'효시(嚆矢)', '근원(根源)', '최초(最初)'는 이처럼 유래의 출발점을 이르는 말인데 그 뜻이나 쓰임새는 미묘하게 다르다.

울릴 효(嚆)와 화살 시(矢)로 이뤄진 효시는 직역하면 '우는 화살'이라는 뜻이지만, 의역하면 '시작'을 의미한다. 옛날에 전쟁에서 특정한 신호를 시작으로 적을 공격하는 것이 일반적이었다. 특히 적과 대치하고 있다가 공격 개시를 알릴 때는 소리가 울리는 특별한 화살을 사용했다.

보통의 화살은 끝이 뾰족하여 인마(人馬)를 살상하는 데 사용한 데 비해, 효시는 화살촉 끝이 뭉툭하고 구멍이 여럿 뚫려 있어서 시위를 걸어 쏘면 휘파람 같은 소리를 내면서 날아갔다. 그 소리를 공격 신호로 삼았기에 일이나 사물의 시작이라는 뜻을 갖게 되었다.

영국에서 가난한 사람을 구제한 구빈법은 사회 정책의 효시이고, 허균의 《홍길동전》은 한글 소설의 효시이고, 이광수의 《무정》은 근대 소설의 효시로 일컬어진다. 1969년 한국주택은행이 발행한 주택 복권은 정기 복권의 효시이다.

이처럼 효시는 단순히 어떤 사물의 맨 처음만을 가리키는 것이 아니다. 주로 역사성을 지녔으며 이후에도 계속된 일들에 쓰이고 있다.

◆ 근원

"마치 강물의 **근원**이 깊은 산골짜기에 있는 것처럼 강물을 이루는 것은 골짜기의 작은 물줄기 아니겠소?" (박경리,《토지》)

효시가 사물이나 현상의 맨 처음을 비유적으로 이르는 말이라면 근원은 사물이 비롯되는 근본이나 원인을 이르는 말이다. 근원의 본래 뜻은 물줄기가 나오기 시작하는 곳이다.

중국의 황허강은 곤륜산에서 근원하고, 강원도 태백시에 있는 못 황지(黃池)는 낙동강의 발원지이며, 백두산의 천지 및 주변 수계는 압록강, 두만강, 송화강의 발원지이다. '물은 근원이 없어지면 끊어지고 나무는 뿌리가 없어지면 죽는다'라는 속담도 근원의 본래 의미를 잘 일러 주고 있다.

근원은 '사물이나 현상 등이 비롯되는 본바탕'이란 뜻으로 많이 쓴다. 중세 기독교에서는 여성과 육체를 죄의 근원으로 보아 마녀사냥을 자행하면서 금욕을 강조했고, 현대 사회에서는 재물에 대한 욕망을 자본주의 사회의 자연스러운 욕구인 동시에 만악(萬惡)의 근원으로 보기도 한다.

또한 스트레스는 만병의 근원으로 널리 인식되며, '자신들의 역사와 근원, 그리고 문화를 모르는 민족은 뿌리 없는 나무와 같다'라는 명언도 있다. 여기서 근원이 없어지면 그에 따른 현상이나 사물도 사라진다는 것이므로, 근원은 존재의 출발점인 셈이다.

◆ 최초

"덕만은 남성주의자인 김부식도 칭찬한 인물로 삼국 통일의 초석
을 닦은 우리나라 **최초**의 여왕이다." (매일신문 2009.12.)

그런가 하면 '최초'는 가장 최(最)와 처음 초(初)로써, 문자 그대
로의 뜻이다. 단군 신화는 우리나라 최초 국가인 고조선의 창업
내력을 밝혀 주는 건국 신화이다.

이란 에스파한의 차하르바그 거리는 세계 최초의 가로수 길이
며, 경인선은 1968년 개통된 우리나라 최초의 고속 도로이다. 17
세기 초 네덜란드에서 발생한 '튤립 파동'은 역사에 기록된 최초의
가격 거품 현상이다.

최초는 사물과 현상에 국한하지 않고 모든 분야에 적용해 쓰므
로 '세계 최초'는 수없이 많다. 페르시아는 이집트와 메소포타미
아의 고대 문명을 통합한 최초의 세계 제국이었다. 고려 우왕 9년
(1383) 때 정지 장군이 남해에서 왜선 열일곱 척을 완파하고 2천여
명을 전사시킨 관음포 대첩은 세계 해전사에서 함포로 적을 물리
친 최초의 전투로 기록됐고, 석주명은 한국 최초로 우리나라의 나
비 분류 체계를 바로잡은 곤충학자였다.

최초는 지난 일 중에서 가장 처음을 가리킬 때도 쓰지만 '방송
사상 최초 촬영', '세계 최초 발명', '한국 최초 개발' 따위처럼 현재
가장 앞선 일임을 강조할 때도 많이 쓰고 있다. 최초는 새롭게 태

어난 느낌을 주므로 다음과 같은 이스라엘 속담도 생겼다.

"날마다 당신의 마지막 날이라고 생각하라. 하루하루를 <u>최초</u>의 날
이라고 생각하라."

 우리말 사전

○ **효시(嚆矢)** 사물이 비롯된 맨 처음.
○ **근원(根源)** 사물이 비롯되는 근본이나 원인.
○ **최초(最初)** 맨 처음.

'결재'를 해야 하나, '결제'를 해야 하나

결재, 결제

결재 ← 다른말 → 결제

◆ 결재

"이성신 교장은 김형수의 전학 서류를 갖춰 **결재**를 맡으러 들어가자 몹시 마뜩지 않은 인상으로 트집을 잡았다." (전상국, 〈음지의 눈〉)

결(決)은 판단함, 결정함, 이로 끊음이란 뜻을 지닌 글자이고, 재(裁)는 마름질, 옷을 지음이란 의미이다. 이에 따라 '결재'를 직역하면 '옷 짓는 일을 마침'이 된다. 치아로 실을 끊어 마침내 옷을 완성한 것이 곧 결재이니, 그런 맥락에서 어떤 일을 마무리 짓는 것을 일러 결재라고 한다.

업무 용어로 쓸 때의 결재는 결정 권한 있는 상관이 부하가 제출한 안건을 검토하여 허가함을 의미한다. 실무자가 일을 본격적으로 추진하거나 마무리 지으려면 재가(裁可) 과정을 통해 상관의 승인을 받아야 하는데, 재가는 안건을 허락하여 승인함을 뜻한다. 대체로 과장, 부장의 재가를 거쳐 사장이 결재하면 그 일은 마무리된 것이다.

만약 문제가 발생하면 결재 상태를 점검하게 된다. 누가 문제를 파악하지 못했는지, 또는 중간관리자가 재가한 뒤 변화가 있었는지 살피는 것이다.

결재는 그 일을 확인했고 책임지겠다는 뜻이기도 하다. 그러므로 결재를 받기 전에 문제가 없는지 철저히 점검하는 자세가 필요하다. 중요한 결재 사항을 대강 처리하다가는 상사로부터 무능하다고 질책받을 가능성도 크다.

- 그는 **결재** 때마다 꼬투리를 잡혀 욕설 세례를 받거나 구둣발에 차이지 않으면…. (김용성,《리빠똥 장군》)
- "손바닥만 갖다대면 **결재** 완료…日 편의점 생체인증 기술 도입" (매거진 한경 2024.4.12.)

◆ 결제

"많은 사용자가 간편결제를 선호하는 이유는 **결제**의 '편리함'과 강력한 '보안성' 때문이다." (아이티데일리 2012.5.)

이처럼 결재가 안건 검토 승인을 이르는 데 비해, '결제(決濟)'는 일을 처리하여 끝을 낸다는 뜻이다. 일반적으로 물품에 대한 값을 주고받음으로써 거래가 마무리되기에 상업적 매매에는 결제가 필수이다.

식당에서는 음식을 먹은 후 결제하고, 서점에서는 결제한 뒤에 책을 가져가며, 기념품 가게에서도 원하는 물건은 결제한 뒤에 가져갈 수 있다.

온라인 쇼핑은 쌍방이 얼굴도 모르는 관계에서 거래가 이루어진다. 그래서 쇼핑 중개업체가 중간에서 소비자로부터 돈을 먼저 받은 다음 판매자가 물품을 보내면 대금을 지급한다. 이처럼 소비자가 물품 가격을 중개업체에 지급하는 것과 중개업체가 판매자에게 대금을 전하는 것 모두 결제에 해당한다.

월급날이 되면 직장인은 카드 대금이나 대출 원리금을 결제하고, 기업 자금 담당 부서는 항시 운영자금을 결제하느라 바쁘며, 자금 사정이 어려운 기업은 월말이 되면 만기가 된 결제금을 마련하느라 애를 쓴다.

요컨대 회사에서 일을 진행하려면 상사의 결재를 받아야 하고,

영업자는 대금 결제를 받음으로써 일을 마무리 짓는다.

 우리말 사전

○ **결재(決裁)** 상관이 부하가 제출한 안건을 검토하여 승인함.
○ **결제(決濟)** 돈을 주고받아 당사자 사이의 거래 관계를 끝맺음.

'사실상 진실'을
완전히 믿지는 말라는 이유

명백, 확실, 사실상

확실 ◀—비슷한 말—▶ **명백** ◀—관련된 말—▶ **사실상**

◆ **명백**

"심병택의 죄가 **명백**하다고 해도 그를 처형한 사람들의 잔인성은 문제 될 수 있다는 마음도 들었다." (이병주,《지리산》)

'쓰레기 버리지 마시오, 주인백'와 같이 대문이나 벽에 '주인이 알리다'라는 의미로 이러한 알림 글을 붙여 놓은 경우가 있다. 이 경우 주인백의 '백'은 무슨 의미일까?

주인(主人)은 어떤 대상의 소유권을 가진 사람을 가리킨다. 한자어 백(白)에는 여러 의미가 있으나 여기서는 '명백하게 하다'라는 뜻이다. 대문 안에 맹견 있으니 조심하라고 명백히 밝힐 때도, 자전거를 분실해도 책임지지 않는다고 명백하게 밝힐 때도 주인백이라고 쓴다.

그렇다면 백은 붙여 써야 할까, 띄어 써야 할까? 결론을 말하자면, 사람 이름이나 직업 뒤에 붙여 써야 한다. 주인백, 관리소장백, 경비원백처럼 쓰면 된다.

한자어 '명백(明白)'은 의심할 바 없이 아주 뚜렷하다는 뜻이다. '둘 더하기 둘이 넷인 것과 같이 명백하다'라는 프랑스 속담에서 확인할 수 있듯, 틀림이나 의심할 바 없는 사실을 강조할 때 쓴다.

법률 용어 '명백한 증거'는 판단이나 추리 따위의 사유를 거치지 않고 진리에 근거하여 어떤 사실을 증명할 수 있는 근거를 뜻하고, 유럽 공동체는 석탄 및 철강 산업이 비상사태임을 선언할 때 '명백한 위기'라고 표현했다. 또한 정당한 이유 없는 권고사직은 명백한 부당해고이고, 옛날에는 남자의 일과 여자의 일이 명백하게 구분되었다.

> 그 자신에게는 겨우 이태 남짓한 관찰로 **명백한** 그 모든 진상이,
> 그 땅에 수천 년 살아온 그들에게는 도무지 보이지 않는 모양이었
> 다. (이문열, 《사람의 아들》)

◆ 확실

"망각의 피안에 묻어 둔 지나간 전쟁 시절의 기억이 한순간 나를
숨 가쁘게 압박해 왔던 것만은 **확실**하다." (김인배, 《방울뱀》)

'명백'이 뚜렷하게 밝히는 말이라면 '확실'은 실제 사실과 꼭 맞
아 틀림없을 때 쓰는 말이다.

몸이 아플 때 진찰 결과가 나오면 어디가 문제인지 확실히 파
악할 수 있고, 대중에게 인기 많은 사람이 선거에 출마하면 당선
이 확실하다. 또한, 전철 안에서 젊은 여자가 불쾌한 표정으로 자
리를 피하는데도 따라가면 성추행범이 확실하다.

◆ 사실상

"명나라에서는 새로이 양방형에게 정사를 임명시키고 심유경에게
부사의 지위를 주었으나 **사실상**의 권리를 잡은 것은 심유경이었
다." (박종화, 《임진왜란》)

이에 비해 '사실상(事實上)'은 진실이나 다름없지만 무언가 한 겹
부족하거나 한 단계 결격인 상태를 가리키는 말이다.

결혼이라는 거추장스러운 격식과 절차를 생략한 부부관계는
사실상의 부부이고, 아무나 사람을 해치고 괴롭히는 야만인은 사

실상 짐승이다.

　1919년 4월 중국 상하이에서 조직된 대한민국임시정부는 헌법이 정한 절차에 의하여 성립하지는 않았으나 일제의 국권 침탈에 저항하는 한국인을 대표하는 사실상의 정부였다.

 우리말 사전

○ **명백(明白)**　의심할 여지가 없이 아주 뚜렷함.
○ **확실(確實)**　실제 사실과 꼭 맞아 틀림없음.
○ **사실상(事實上)**　실제로 있었던 상태. 또는 현재에 있는 상태.

'간발의 차이'를
아무 데나 쓰면 안 된다

간발의 차이, 터럭 하나 차이

간발의 차이 ←── 비슷한 말 ──→ **터럭 하나 차이**

◆ **간발의 차이**

"사이클 나아름, 개인도로서 <u>간발의 차이</u>로 은메달" (일간스포츠 2023.10.)

혼히 경기나 내기에서 아슬아슬하게 승패가 결정됐을 때 '간발의 차이'나 '터럭 하나 차이'라는 말을 쓴다. 두 관용어는 어떻게 다를까?

먼저 간발을 살펴보면 어원과 관련해 두 가지 학설이 있다. 하나는 사자성어 간불용발(間不容髮)에서 나왔다는 설이다. 간불용발은 '머리카락 한 올 들어갈 틈이 없다'라는 뜻으로, 불교에서 잠시의 여유도 없음을 비유할 때 쓴다. 그런데 이 말은 주도면밀하여 빈틈이 조금도 없는 상황에서 쓰는 용어이므로, 매우 짧은 시차를 강조하는 간발의 차이의 어원으로 보기 힘들다.

다른 하나는 일본어 간이파쯔노사(かんいっぱつのさ)에서 유래했다는 설이다. 이를 우리말로 옮기면 '간일발의 차(間一髪の差)'이며, 글자 그대로 머리카락 하나만큼의 차이를 가리킨다. 일본에서 간일발의 차가 아슬아슬한 차이라는 의미로 쓰였다는 사실을 생각해 보면 이 일본식 관용어가 간발(間髪)의 차이의 어원임을 알 수 있다.

◆ **터럭 하나 차이**

"장기와 바둑은 비록 작은 기예이지만 비유하면 진(陣)에 임하여 적과 맞서는 것 같아서 생사가 호흡 사이에 결정되고, 승패는 <u>터럭 하나 차이</u>로 결정되므로 마음을 잠깐이라도 방심할 수 없다." (홍양호,《이계집(耳溪集)》)

그렇다면 간일발의 차라는 표현이 한국에 들어오기 전에는 어떤 표현을 사용했을까? '추호의 차', '터럭 하나 차이', '종이 한 장 차이'라는 말을 썼다. '추호(秋毫)'는 가을철에 털갈이하여 새로 돋

아난 가늘어진 짐승의 털이란 뜻으로, '추호도 의심한 적 없다'라는 문장처럼 몹시 적음을 비유하는 표현이다. 또 근대에 이르러 얇게 뜬 서양식 종이인 '박엽지(博葉紙) 한 장 차이'라는 관용어에서 '종이 한 장 차이'라는 말이 생겼다.

추호처럼 털과 관련된 표현이 하나 더 있다. 바로 '터럭'이다. 아주 하찮게 여기는 것을 뜻하는 속담 '개밥에 빠진 터럭만큼도 여기지 않는다'에서 알 수 있듯, 터럭은 무척 작거나 사소한 것을 이르는 말이다. 터럭은 사람이나 길짐승의 몸에 난 길고 굵은 털을 의미하며, 주로 '터럭만큼', '터럭만 하다' 꼴로 아주 작거나 사소한 것을 비유할 때 쓴다. 무엇이 몹시 적거나 없다는 것을 강조하고 싶을 때는 '터럭만큼도 없다'라고 말한다.

터럭은 시간이 흐르면 길게 자라므로 '시간차'와도 관련이 있다. 그래서 터럭 하나 차이는 공간적으로 미세한 차이를 가리키는 경우와 함께 아슬아슬한 시간적 차이를 강조할 때도 쓴다. 자동차가 절벽 밑 도로를 지나간 직후 바위가 떨어져서 운 좋게 목숨을 구했거나 육상 경기에서 1초보다 짧은 간격으로 순위가 결정됐을 때도 간발의 차나 터럭 하나 차이라는 관용어를 쓴다.

그런 관점에서 보면 다음 문장에 들어있는 간발의 차이는 조금 어색하다고 말할 수 있다.

• "삼성물산, <u>간발의 차</u>로 현대건설 누르고 해외 수주 3년 연속

1위" _(머니투데이 2024.1.)

- "아마존 길이는 6,575km로 나일강(6,650km)에 **간발의 차이**로 1위를 내어 주었다." (월간 산 2023.12.)

- "강다니엘과 태용이 각각 38만 2681표(16.09%), 36만 6863표(15.43%)로 **간발의 차이**를 기록했다." (스포츠서울 2023.12.)

왜냐하면 세 문장에서는 시간적 및 공간적 차이를 더불어 느낄 수 없기 때문이다. 요컨대 간발의 차이는 시간적으로 간격이 거의 적을 때 쓰는 말이니, 되도록 터럭 하나 차이나 종이 한 장 차이를 씀이 바람직하다.

 우리말 사전

○ **간발의 차이(間髮의 差異)** 서로 엇비슷할 정도의 아주 작은 시간적 차이를 나타내는 일본식 관용어.
○ **터럭 하나 차이(터럭 하나 差異)** 시간적, 공간적으로 아주 작은 차이를 나타내는 고유 관용어.

귀한 자식은 '생때'같고
못난 자식은 '생떼'를 부린다

생때같다, 생떼를 쓰다

생때같다 ←── 다른 말 ──→ 생떼를 쓰다

◆ 생때같다

"젠장, 술이라도 먹을 줄 알았으면 좋겠다. 이건 **생때같은** 자식을 죽이고서 참 복통을 할 노릇이지." (이무영, 《농민》)

어원이 불명확한 '생때'는 주로 '생때같은' 또는 '생때같이'처럼 관형사형으로 쓰이는 말이다. 생생해 보이는 푸른빛 대나무를 가리켜 생대라고 했던 말이 생때의 어원이라고 주장하는 사람도 있지만, 대나무는 한자어로 '생죽(生竹)'이라 부르므로 적절한 해석으로 보이지 않는다.

어쨌든 생때같다라는 우리말은 아무 탈 없이 멀쩡하거나 병 없이 튼튼하고 젊다는 의미이다. 이는 자식을 바라보는 부모의 관점에서 나왔음이 분명하고, 공을 많이 들여 매우 소중하다는 뜻도 지니고 있다. 온갖 정성을 들여 애지중지 키워 건강한 자식이 곧 '생때같은 자식'이다.

현진건은 소설 《운수 좋은 날》에서 '죽기는 왜 죽어. 생때같이 살아만 있단다'라는 표현을 썼고, 박완서는 단편소설 〈나의 가장 나종 지니인 것〉에서 '생때같은 목숨도 하루아침에 간데없는 세상에'라는 문장을 썼다.

돈의 소중함을 강조할 때 '생때같은 돈' 또는 '생때같은 연금'이라 말하기도 한다. 오랜 기간 매우 공들인 귀한 돈이란 뜻이다. 억울하게 죽은 자식을 가리킬 때 '생때같은 자식을 잃었다'라는 식으로 부모의 크나큰 상실감을 나타내는 표현으로도 쓰인다.

- "국민 2,225만 411명이 가입한 **생때같은** 연금이 엉뚱한 곳으로 새지는 않을지 걱정" (뉴스웰 2024.1.)
- "**생때같은** 자식을 잃은 부모의 호곡성은 창자를 끊는 듯 참담하다." (제주신보 2015.2.)
- "**생때같은** 젊은 청춘 159명의 죽음의 진상을 밝히자는 특별법 처리를 위한 본회의 진행" (KBS뉴스 2024.1.)

◆ 생떼를 쓰다

"장쇠는 (…) 땅을 떼어 달라고 **생떼라도 쓰고** 싶었지만 침 먹은 지 네 모양 입을 다문 채였다." (문순태, 《타오르는 강》)

형용사 생때같다가 몸 튼튼하고 아무 병도 없던 자식이 별안간 죽는 경우에 많이 쓴다면, '생떼'라는 말은 누군가 떼를 쓸 때 쓴다. 생떼는 한자 생(生)에 부당한 요구를 들어 달라는 고집을 뜻하는 한글 '떼'가 붙어 만들어진 말이다.

가족 나들이 나온 아이가 무조건 집에 가겠다고 생떼를 부리고, 동생은 형에게 먹은 과자를 토해 내라며 생떼를 쓰며, 건강한 청년인 아들이 일할 생각은 하지 않고 부모에게 용돈을 달라고 생떼를 쓴다.

이처럼 생떼는 누가 봐도 정당하지 못하거나 황당한 고집을 이르는 말이다. '물에 빠진 사람 구해 주니 보따리 내놓으라 한다'라는 속담은 생떼의 의미를 잘 나타낸다. 이는 상식을 벗어난 적반하장과 배은망덕한 짓을 하는 사람을 비꼬는 말이기도 하다.

📖 우리말 사전

○ **생때같다(生때같다)** 아무 탈없이 건강하고 젊다.
○ **생떼를 쓰다(生떼를 쓰다)** 억지로 떼를 쓰다.

꼬리와 관련된
다양한 말들

꽁무니를 빼다, 꼬리를 치다, 꽁지 빠진 새 같다

꽁무니를 빼다 ◀── 다른 말 ──▶ **꼬리를 치다** ◀── 다른 말 ──▶ **꽁지 빠진 새 같다**

◆ **꽁무니를 빼다**

"여기에다 홍복이까지 싸움터로 뛰어드니 유민들은 **꽁무니를 빼고**
달아나기 시작했다." (황석영,《장길산》)

'꽁무니', '꼬리', '꽁지'는 모두 동물의 등쪽 끝부분을 이르는 말
이지만 그 의미는 조금씩 다르다. 꽁무니는 동물의 등마루를 이루
는 뼈의 끝부분이나 엉덩이를 중심으로 한 인체의 뒷부분을 가리
키며, 동물에도 두루 쓸 수 있으나 주로 사람에게 '뒤' 또는 '맨끝'

이란 뜻으로 쓴다. '시장에 가는 어머니의 꽁무니에 매달려 따라 가겠다고 고집부리다', '사람이 많이 몰린 입장권 구입 행렬 꽁무니에 붙어서다', '좋아하는 사람 꽁무니를 따라 다니다' 등과 같은 경우처럼 쓴다.

흔히 겁먹어 슬그머니 물러서거나 도망치는 모습을 '꽁무니를 빼다'라고 표현하고, 현장에서 허겁지겁 달아나면 '꽁무니에 불 단 듯 내빼다'라고 말한다. 꽁무니를 빼다라는 말은 어떤 일에서 회피하며 몸의 뒷부분을 뺀다는 뜻이다.

'꽁무니를 따라다니다'라는 관용구는 이익을 바라고 부지런히 바싹 따라다닌다는 의미이고, '정신은 빼어 꽁무니에 차고 있다'라는 속담은 무슨 일에 실수를 많이 하고 무엇이든 잊어버리기를 잘하는 사람을 놀림조로 이르는 말이다.

◆ **꼬리를 치다**

"당신이 그에게 잘 보이려고 애쓰는 동안 당신은 살아남은 거야.

<u>**꼬리 치는**</u> 당신도 아팠다고." (권혁웅,《꼬리 치는 당신》)

유의어 꼬리는 꽁무니의 끝에 붙어서 조금 나와 있는 부분을 가리키는 말이다. 짐승에 따라 조금씩 모양이 다르지만, 일반적으로 사물의 한쪽 끝에 가늘고 길게 내민 부분을 비유적으로 이를

때 쓴다. 사람과 함께 사는 개는 주인을 보면 꼬리를 흔들어 반갑다는 감정을 나타내고, 이성을 유혹하려는 사람은 아양 떨면서 꼬리를 친다.

또한 꼬리는 긴 편이라서 상대 몰래 달아나다가 들키거나 밟히는 일이 종종 있다. 이에 비유하여 사람이 행적을 들켰을 경우 '꼬리를 잡히다', '꼬리를 밟히다'라고 말하게 됐다. 유재용은 《성역》에서 그런 의미로 다음과 같이 썼다.

"그동안 **꼬리 잡히지** 않게 몇 가지의 범법 행위를 해치웠는지 누가 아는가."

같은 맥락에서 '꼬리가 길면 밟힌다'라는 속담은 나쁜 일을 아무리 남모르게 해도 오랫동안 여러 번 계속하면 결국에는 들키고 만다는 것을 이르는 말이다.

◆ 꽁지 빠진 새 같다

"찻길에서는 **꽁지 빠진 참새같이** 방정맞게 생긴 기관차가 경망스럽게 달려다니면서, 빽빽 성급한 소리를 지른다." (채만식, 《탁류》)

이와 달리 꽁지는 '참새 꽁지, 닭 꽁지'처럼 '새의 꽁무니에 달린

긴 깃'을 가리킨다. 황조롱이 수컷의 꽁지는 청회색에 끝이 검으며, 수컷 꿩의 꽁지는 매우 길고 줄무늬가 있어 눈에 잘 띈다. 고구려 무사는 머리에 수꿩의 긴꼬리를 꽂고 다녔으며, 조선의 농민들은 농기(農旗) 꼭대기에 꿩 깃을 매달아 하느님이 알아볼 수 있도록 했으며, 무당도 모자에 꿩 깃을 꽂아 신(神)과의 소통 표지로 삼았다.

그런 꽁지가 빠지면 초라해 보이므로 '꽁지 빠진 새'는 볼품이 없거나 위신이 없어 보임을 비유하는 말로 쓰게 됐다. 염상섭 소설《삼대》에 그런 예가 보인다.

"꽁지 빠진 새 모양으로 북더기 양복 위아래막이만 입고 갈 수도 없으니까 말일세."

 우리말 사전

○ **꽁무니를 빼다**   슬그머니 피하여 물러나다.
○ **꼬리를 치다**   (속되게) 아양을 떨다.
○ **꽁지 빠진 새 같다**   꼴이 초라하여 볼품이 없거나 위신이 없어 보이다.

'낭떠러지 효과'와 '거래 절벽'의 차이

낭떠러지, 벼랑, 절벽

벼랑 ← 비슷한 말 → **낭떠러지** ← 비슷한 말 → **절벽**

◆ 낭떠러지

"그는 몸이 천 길 **낭떠러지** 아래로 떨어져 내리는 것처럼 아득해졌다." (한승원,《해일》)

'낭떠러지', '벼랑', '절벽(絶壁)'은 모두 평지에서 위로 가파르게 올라간 지형을 이르는 말이지만 그 쓰임새는 제각기 다르다.

먼저 낭떠러지는 경사 가파른 지형을 나타내는 옛말 '낭'에 '떨어지다'의 어간 '떨어지-'와 관련한 '떠러지'가 결합한 합성어이며,

산이나 언덕에서 깎아지른 듯이 급하게 솟거나 비탈진 곳을 가리킨다. 낭떠러지는 위에서 아래를 내려다보는 관점에서 만들어진 낱말이기에 주로 떨어지면 위험한 상황을 나타내는 데 쓴다.

낭떠러지 아래에는 깊이를 알 수 없는 강물이 흐르고, 산길을 과속으로 달리는 자동차는 자칫 낭떠러지로 떨어질 수 있다. 또한, 낭떠러지 끝에 서면 온몸이 굳고 숨이 멎기 일쑤다.

경제 용어 '낭떠러지 효과'는 자신이 잘하는 업무 분야에서는 탁월한 업무 수행 능력을 보이지만 그 범위를 조금이라도 벗어나면 낭떠러지에서 떨어지듯 업무 능력이 급격히 떨어지는 현상을 뜻한다. 다시 말해, 한 분야에 능숙한 사람에게 전혀 다른 분야의 일을 시키면 문제 해결 능력을 잃어버림을 비유적으로 설명한 말이다.

◆ **벼랑**

"호랑이는 제 새끼를 **벼랑**에서 떨어뜨려 본다." (한국 속담)

유의어 벼랑은 옛말 '별' 혹은 '볋'이 어원이다. 여기에 접미사 '-앙'이 붙어 벼랑이 됐고, 접미사 '-악'이 붙어 벼락이 됐다. 고려 가요 〈정석가(鄭石歌)〉에 연인과 헤어지지 않겠다는 반어법 표현인 '별헤 나는 구운 밤 닷 되를 심고'라는 문장이 보이는데 여기서 별 헤가 벼랑이다.

후자의 '벼락'은 천둥 번개와 무관하다. 이는 항상 '담'과 합쳐져 '담벼락'의 형태로 쓴다. 담벼락은 담이나 담의 겉면을 가리키고, '담벼락하고 말하는 셈'이라는 속담은 꽉 막혀 도무지 알아듣지 못하는 사람과 이야기할 때 쓴다.

벼랑은 아래에서 올려다보는 관점에서 만들어진 낱말이므로, 주로 높이에 따른 위험을 강조하는 관용어에 많이 등장한다. 속담 '눈먼 말 타고 벼랑을 간다'는 매우 위태롭다는 뜻이고, '호랑이는 제 새끼를 벼랑에서 떨어뜨려 본다'는 속담은 자식을 잘 기르려면 어려서부터 엄하게 해야 한다는 말이며, '놀란 토끼 벼랑 바위 쳐다보듯'이란 속담은 너무 놀라서 아무 말도 못 하고 눈만 껌벅거리며 쳐다보는 모습을 비유적으로 이르는 말이다.

그 끝을 강조한 '벼랑 끝'은 매우 위험하거나 절박한 상황을 비유한 말이기에 협상을 막다른 상황으로 몰고 가 초강수를 두는 '벼랑 끝 전술', 극우주의자들에 의해 민주주의가 위험에 빠졌음을 표현한 '벼랑 끝에 선 민주주의'의 예처럼 쓴다.

- "**벼랑** 끝 '서민 금융'⋯급전 대출 늘고 개인회생 신청 '최다'"
  (MBC뉴스 2024.4.24.)
- "**벼랑** 끝 소상공인에 재도전 기회 생긴다" (전북신문 2024.4.29.)

◆ 절벽

"산의 **절벽**에는 언제나 안개가 있다. 할머니에게는 항상 슬픔이 있다." (인도 속담)

낭떠러지와 벼랑이 떨어지면 위험한 곳임을 강조한 데 비해, 바위가 깎아 세운 듯 아주 높이 솟은 험한 낭떠러지라는 뜻인 한자어 절벽은 높이와 막힘을 강조한 말이다. 이해심이 없고 고집이 센 사람과 대화하면 절벽을 마주 보는 듯한 느낌이 들고, 해결책이 없는 문제에 휩싸여 있을 때는 절벽같은 절망감에 사로잡히기 십상이다. 고집이 세어 남의 말을 들으려고 하지 아니하는 사람을 비유적으로 이르는 절벽은 깎아지른 듯한 절벽으로 둘러싸인 곳을 가리키는 절벽강산(絶壁江山)의 줄임말이다.

그런가 하면 부동산 용어 '거래 절벽'은 새로운 부동산 대책이 나오면 일시적으로 부동산 거래가 활발해졌다가 법 시행이 끝나면 거래가 곧 끊기는 현상을 설명한 말이다. 부동산 취득세뿐만 아니라 급격한 금리 상승과 대출 규제도 소비 심리를 위축시켜 거래 절벽의 골을 깊어지게 한다.

📖 우리말 사전

○ **낭떠러지** 깎아지른 듯한 언덕.
○ **벼랑** 낭떠러지의 험하고 가파른 언덕.
○ **절벽(絶壁)** 아주 험한 낭떠러지.

은혜를 갚는 말,
복수를 꾀하는 말

안갚음, 앙갚음, 대갚음

안갚음 ◀— 다른 말 —▶ 앙갚음 ◀— 관련된 말 —▶ 대갚음

◆ **안갚음**

"보복을 뜻하는 앙갚음의 대척점에 <u>안갚음</u>이 있다." (한겨레신문

2011.11.)

진나라 무제 때의 일이다. 높은 관직에 임명된 이밀(李密)은 벼
슬을 한사코 사양하면서 다음과 같이 말했다.

"까마귀가 어미 새의 은혜에 보답하려는 마음으로 할머니가 돌
아가시는 날까지만 봉양하게 해주소서."

까마귀는 부화한 뒤 60일 동안 어미가 새끼에게 먹이를 물어다 주고, 다 자라면 새끼가 힘에 부친 어미를 먹여 살린다. 이밀은 어려서부터 자신을 키워 준 할머니가 96세인지라 보은할 날이 짧으니, 그러한 자신의 상황을 헤아려 달라고 호소한 것이다.

이밀의 진정표(陳情表)에 감동한 무제는 식량과 노비를 하사했으며, 이에 연유하여 반포지효(反哺之孝)라는 고사성어가 생겼다. '까마귀 새끼가 자라서 늙은 어미에게 먹이를 물어다 주는 효'라는 뜻으로, 자식이 자라서 어버이의 은혜에 보답하는 효성을 이르는 말이다.

'반포(反哺)'는 자식이 커서 부모를 봉양하는 일을 의미하는데, 이에 해당하는 우리말이 있으니 바로 '안갚음'이다. '안'은 '마음'이나 '가슴속'을 이르는 우리말이며, 단종(端宗)이 영월로 귀양 갈 때 의금부도사 왕방연이 호송하고 돌아오면서 읊은 시조에서 '안'의 흔적을 찾을 수 있다.

"천만 리 머나먼 곳에 고운 임과 이별하옵고 나의 안(마음)을 둘 데가 없어 냇가에 앉았더니 저 물도 내 안(마음) 같아서 울면서 밤길을 흘러가는구나."

마음을 담아 갚은 것이 곧 안갚음임을 알 수 있다. 부모에게 그 무엇이든 마음 담긴 효도를 할 때 안갚음이라 말할 수 있으나, 성의 없이 물질만 선물하는 것은 안갚음이라고 말할 수 없다. 반대로 부모가 자식에게 안갚음 받는 것을 '안받음'이라고 말한다. 자식 쪽에서 보면 안갚음이고, 은혜를 베푼 부모 쪽에서 보면 안받음이 되는 것이다.

돈이나 물건을 빌린 뒤 갚지 아니함을 이르는 '안 갚음'은 띄어써야 하고, '마음'을 의미하는 '안'은 부정을 뜻하는 부사 '안'과 구별하기 위해 길게 '안-갚음'이라 발음해야 한다.

◆ **앙갚음**

"그녀는 우선 돌계집이란 시어머니의 악랄한 구박에 <u>**앙갚음**</u>이라도 하듯이 첫딸을 낳고, 연년생으로 쌍둥이를 낳았다." (박완서, 《도시의 흉년》)

안갚음과 발음이 비슷한 '앙갚음'은 분풀이, 설욕, 복수를 의미한다. '원망할 앙(怏)'과 '갚음'이 합쳐진 말이며, 남이 저에게 해를 준 대로 저도 그에게 해를 주는 것이 곧 앙갚음이다.

1144년 귀신 쫓는 황궁 행사 때 문신 김돈중으로부터 수염이 태워지는 수모를 당한 무신 정중부는 참고 참으며 기회를 보다가 16년 후인 1170년 다른 장군들과 함께 무신정변을 일으켰으니, 이는 모욕이 낳은 앙갚음이었다.

◆ 대갚음

"근식이는 먼젓번 뭉태에게 흉잡혔던 그 <u>대갚음</u>을 안 할 수 없다."

(김유정, 《솥》)

앙갚음이 대개 부끄러움을 씻는 복수라면, '대갚음'은 자기가 입은 은혜든 원한이든 그만큼 갚는 일을 의미한다. 대할 대(對)자에 '갚음'이 합쳐진 말이고, 순우리말로 '엎음갚음'이라고도 말한다. 다시 말해, 대갚음은 남에게서 받은 도움, 신세 진 일, 남에게 당한 원한 등을 잊지 않고 나중에 그대로 갚아 주는 것이다.

소설가 채만식은 《정자나무 있는 삽화》에서 대갚음이란 말을 해학적으로 썼다.

"여름 한 철만은 이 정자나무가 봄, 가을, 겨울 세 철을 두고 사람을 압기시키던 <u>대갚음</u>이라고 할까 치하라고 할까."

 우리말 사전

○ **안갚음** 어버이의 은혜에 보답함.
○ **앙갚음** 남에게 해를 받은 만큼 저도 그에게 해를 다시 줌.
○ **대갚음(對갚음)** 남에게 입은 은혜나 원한을 자기가 입었던 것만큼 갚음.

조롱하는 말에도
격 차이는 있다

조무래기, 똘마니, 졸때기, 데림추

◆ **조무래기**

"이 <u>조무래기</u>들이 역시 삼삼의 세력으로 깔려 있다. 왕초들의 대우

가 우선 그렇거니와 그 산하 똘마니들의 구성도 역시 그런 원리에

준해 있다." (이문희,《흑맥》)

'조무래기'는 정도나 분량이 적은 '좀'에 '우라기'가 더해진 말이

다. 우라기는 '지푸라기(짚-우라기)'에서와 같이 뒤에 붙는 접미사로

매우 작은 것을 이르며 '우래기'로도 발음됐다. 이처럼 조무래기는

본래 주먹 안에 넣을 수 있는 작은 물건을 가리켰는데 나중에 어린아이들을 이르는 말이 되었다. 예전에는 봄에 햇살 가득한 골목에서 동네 조무래기들이 몰려다니며 놀았고, 겨울이면 조무래기들이 꽁꽁 언 개울에서 썰매를 타고 놀았다. 때로는 주먹다짐을 벌이기도 했는데 이때 조무래기 중에서 몸집 큰 아이가 위세를 과시했다.

하지만 어른들 눈에 아이들은 작은 존재일 뿐이므로 어느 사이 조무래기는 어린아이들을 낮잡아 이르는 말로 쓰였고, 폭력을 일삼는 주먹패에서 상대적으로 힘이 부족한 이들을 가리키는 속어로도 쓰였다. 박태순 소설 《어느 사학도의 젊은 시절》에서 그런 예를 볼 수 있다.

"내부적으로는 일치단결하여 <u>조무래기</u> 주먹 세력들을 병탄하면서 웅비를 펼칠 태세를 갖추어야 했다."

◆ **똘마니**

"너, 그러다가 남은 인생도 계속 **똘마니**로 살 수도 있어."

조무래기가 힘센 사람 눈에 약하게 보이는 존재라면, '똘마니'는 범죄 집단 따위 조직에서 부림을 당하는 사람을 속되게 이르는 말이다. 그들의 왕초가 시키는 대로 이것저것 행하는 부하이자 행동대원이다. 똘마니들은 좀스럽기 마련이며 대개 무리를 지어 노닐고, 왕초가 달아나면 겁을 먹고 즉각 흩어져 도망친다.

◆ 졸때기

"맨 처음 양편에서 **졸때기**가 하나씩 나와 막대기를 휘두르며 칼싸움을 시작한다. 지면 전사자가 되어 물러나고, 이기면 다음 사람을 상대한다." (하근찬, 《족제비》)

'졸때기'는 변변하지 못한 낮은 지위에 있는 사람을 가리키는 말이다. '졸따구'는 비표준어이고, 최일남과 김정한의 다음과 같은 소설에서 졸때기의 의미를 짐작할 수 있다.

- "이 지사 댁만 사회의 이목이 있고 우리 같은 <u>**졸때기**</u>는 막 굴러 먹어도 좋다 이 말이군요." (최일남, 《거룩한 응달》)
- 세밑 경계가 엄한 때라 늘어난 통금 위반자를 비롯해서 사기꾼, 절도, 강도, 공금 횡령, <u>**졸때기**</u> 밀수, 매음… 이런 따위들이 벌써 다 차지하고 있었다. (김정한, 《인간 단지》)

◆ 데림추

"모두가 남의 사주와 조롱에 놀아난 **데림추** 신세였을 뿐 진솔한 자기를 살아왔다고는 할 수가 없었다." (김주영,《객주》)

그런가 하면 '데림추'는 줏대 없이 남에게 딸려 다니는 사람을 비유적으로 이르는 말이다. 자기와 함께 있게 하거나 거느린다는 뜻의 우리말 '데리다'의 명사형 '데림'에 한자어 저울 추(錘)자를 붙인 말이다.

다시 말해, 자기주장 없이 남에게 딸려 다니는 사람이 곧 데림추이다. 그런 사람은 제삼자의 눈에 한심하게 보이므로 주견 없이 남에게 끌려다니는 사람을 조롱하여 이르는 말로 썼다. 이문구의 《관촌 수필》에서도 그런 사례를 볼 수 있다.

"술장수 여편네 **데림추**로 붙어 다닌 화류계 퇴물 팔매라는 외갓집 종이…."

 우리말 사전

○ **조무래기**　힘센 사람 눈에 약하게 보이는 사람.
○ **똘마니**　범죄 집단 따위의 조직에서 부림을 당하는 사람.
○ **졸때기**　지위가 변변치 않은 사람.
○ **데림추(데림錘)**　주견이 없이 남에게 딸려 다니는 사람.

'볼썽사나운' 사람보다는 '초라한' 사람이 낫다

초라하다, 볼품없다, 근천스럽다, 볼썽사납다

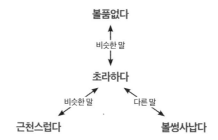

◆ 초라하다

"완연한 가을철이어서 바람은 쌀쌀한데 두만아비의 동저고리 바람의 모습은 <u>초라하다</u>." (박경리, 《토지》)

모양이나 옷차림이 꾀죄죄하고 궁상스러움을 가리키는 '초라하다'의 본딧말은 '초락(草落)하다'이다. 풀 초(草), 떨어질 락(落)에서 짐작할 수 있듯, 풀이 시들고 나뭇잎 떨어지는 모습이 초락이다. 애초부터 그런 모양이 아니라 푸르렀던 모습에서 변한 것이므로 전성기에 비하며 보잘것없고 변변하지 못하게 보인다.

이에 연유하여 초라하다는 말은 볼품없게 바뀐 겉모양을 가리켰으나, 나중에는 본래 모습에 상관없이 겉모양이나 옷차림이 호졸근하고 궁상스러움을 이르게 됐다.

기본적으로 초라하다는 말은 상대적인 개념이지만 행색이 초라하다고 사람을 낮잡아 보아 소홀히 대하는 태도는 바람직하지 않다.

◆ **볼품없다**

"설렁탕집이라고 **볼품없는** 간판을 붙여놓은 식당으로 들어갔다."

(이병주,《지리산》)

초라해서 봐 줄 만한 모양이 없음을 의미하는 유의어 '볼품없다'에서 '볼품'은 겉으로 드러나 보이는 모양새를 뜻한다. 인체가 너무 마르거나 뚱뚱하면 화려한 옷을 입어도 대체로 볼품없고, 아무리 멋진 셔츠나 넥타이도 구깃구깃하면 볼품없다. 사람뿐만 아니라 물건이 오래되어 칠이 벗겨지거나 부분적으로 부서져도 볼품없다.

◆ 근천스럽다

"머리 허연 영감이 **근천스럽게** 구원이나 청하는 주제에 웬 체면은
또 그리 차려 쌓는지…." (윤흥길,《무제》)

또 다른 유의어 '근천스럽다'는 행색이 비굴하고 궁상스러울 경
우에 쓰는 말이다. '근천'은 어렵고 궁한 상태를 뜻하므로 근천스
럽다나 근천맞다는 표현은 가난해서 보잘것없고 초라한 데가 있
음을 나타낸다.

1958년 영국 영화《타이타닉의 비극》에서 가난한 사람들이 여
행 떠나는 귀족의 환심을 사고자 도열하여 박수치며 배웅하는 장
면이 나오는데, 그런 모습이 바로 근천스러운 것이다. 그렇지만
스스로 가난을 인정하고 동정받고자 근천스럽게 행동하는 것도
볼썽사납다.

◆ 볼썽사납다

"검찰·공수처 '관할권 힘겨루기' **볼썽사납다**." (한겨레신문 2021.4.)

'볼썽사납다'는 보기에 언짢거나 볼품이 없을 때 쓰며, 어떤 사
람이나 사물의 모습이 보기에 역겨움을 나타낸다. 동사 '보다'에
한자어 서로 상(相) 자가 합쳐진 '볼상'이 '볼성'을 거쳐 '볼썽'으로

바뀐 말이다. 아무리 어린애일지라도 식당에서 너무 버릇없이 막되게 굴면 볼썽사납고, 젊은 남녀가 공공장소에서 지나친 애정행각을 벌이면 볼썽사납다.

 우리말 사전

○ **초라하다** 꾀죄죄하고 궁상스럽다.
○ **볼품없다** 겉으로 드러나 보이는 모습이 초라하다.
○ **근천스럽다** 행색이 비굴해 보잘것없고 초라한 데가 있다.
○ **볼썽사납다** 어떤 사람이나 사물의 모습이 보기에 역겹다.

어리다고 얕보다가는 '코뗄' 수 있다

큰코다치다, 코떼다, 핀잔, 창피

◆ 큰코다치다

"아직 미혼이라고 남의 일처럼 듣다가는 큰코다치지, **큰코다쳐요.**"

(황순원, 《신들의 주사위》)

망신이나 무안을 '코'에 비유한 이유는 뭘까? 그것은 얼굴 중심에 있어서 눈에 잘 띄는 코가 자존심을 상징하는 까닭이다. 우쭐하고 거만한 태도를 '콧대가 높다'라고 비유적으로 이르는 연유도 여기에 있다. 따라서 자존심에 상처를 입으면 코에 상처를 입은 것이나 다름없기에 '코를 떼다'나 '큰코다치다'라고 말하게 됐다.

'큰 코에 상처를 입을 경우 '큰 코 다치다'라고 띄어 쓰지만, 비유적으로 망신이나 봉변을 크게 당함을 이를 때는 '큰코다치다'라고 붙여 쓴다. 상대방이 누구인지도 제대로 모르고 반말하면 큰코다치기 쉽고, 중요한 고비인데 남의 일처럼 흘려듣다가 큰코다칠 수 있다.

◆ 코떼다

"철수는 자신보다 나이 어린 사람이라고 말을 함부로 했다가 **코뗐다.**" (의약뉴스 2021.11.)

그렇다면 '코떼다'와 '큰코다치다'의 차이는 무엇일까? 코를 떼다는 방심하다가 무안하리만큼 핀잔을 들어 난처해진 경우에 쓰는 반면, 큰코다치다는 한껏 우쭐한 상태에서 자만심에 얕보다가 망신당한 상태일 때 쓴다.

마찬가지로 우리나라 속담인 '코떼어 주머니에 넣다'는 일을 저질러서 크게 무안을 당하거나 혼이 난 경우를 비유적으로 이르는 말이다.

◆ 핀잔

"부월이의 거듭되는 **핀잔**을 먹고서야 비로소 종술은 정신을 가다
듬을 수가 있었다." (윤흥길, 《완장》)

이에 비해 '핀잔'은 맞대어 놓고 언짢게 꾸짖거나 비꼬아 꾸짖
는 일을 가리킬 때 쓰는 말이다. 17세기 한글 수필 《계축일기》에
서는 "내관이 보아도 아무의 동생이다 하고 핀잔(창피) 될 것이니"
라고 '창피'의 뜻으로 쓰였다. 본래 핀잔맞는 일은 창피당하는 일
이었음을 알 수 있다. 그렇지만 근대에 이르러 '핀잔'은 언짢아서
꾸짖는 일이란 의미로 통용되었다. 어머니는 반찬 투정하는 자식
에게 핀잔을 주고, 동네 어른들은 인사성 없는 젊은이에게 핀잔을
주었다.

◆ 창피

"의관이 없으니 아는 친구를 만나면 **창피**도 하여 더 가지를 못하고
길옆 깊은 구렁 속에 가만히 엎드렸다가 해가 넘어가 어둑어둑한
후 다시 나서 집으로 찾아가더라." (이해조, 《고목화》)

그런가 하면 '창피(猖披)'는 본래 머리를 헝클어트리고 옷매무새
를 흩트린 모습을 가리키는 말이었다. 중국 전국시대 굴원(屈原)은

《이소경(離騷經)》에서 무소불위 권력을 누리던 하나라 걸왕과 은나라 주왕이 나라가 망하는 순간에 품위와 체통을 잃고 당황하는 모습을 다음과 같이 썼다.

걸(桀)과 주(紂)는 어찌 헝클어진 머리에 옷도 제대로 입지 못한 채, 궁색한 걸음으로 허둥대면서 지름길을 찾는가(何桀紂之猖披兮 夫唯捷徑以窘步).

이에 연유하여 창피는 체면이 깎이거나 아니꼬움을 당한 부끄러움을 뜻하는 말로 쓰이게 됐다.

📖 **우리말 사전**

○ **큰코다치다** 크게 봉변을 당하거나 무안을 당하다.
○ **코떼다** 무안을 당하거나 핀잔을 맞다.
○ **핀잔** 맞대어 놓고 언짢게 꾸짖거나 비꼬아 꾸짖는 일.
○ **창피(猖披)** 체면이 깎이는 일이나 아니꼬운 일을 당한 부끄러움.

'실랑이'는 원래 다른 뜻이었다

실랑이, 승강이, 옥신각신

승강이 ◀── 비슷한 말 ──▶ 실랑이 ◀── 관련된 말 ──▶ 옥신각신

◆ **실랑이**

"갑송이는 그들의 <u>실랑이</u>하는 말을 귓전에 들으며 앞서서 언덕을 올라갔다." (황석영, 《장길산》)

조선 시대 과거 시험의 합격자는 예복을 갖춰 입고 증서를 받으러 나가는 절차를 밟았다. 이때 행사 진행자는 합격자를 가리켜 '신래위(新來位)'라고 호명하며 급제 증서를 주었다. '신래'는 과거에 새로 급제한 사람을 이르는 말이었다.

호명된 합격자가 증서를 받고자 앞으로 나가는 과정에서 선배들은 가지 못하도록 얼굴에 먹을 칠하거나, 옷자락을 붙잡고, 심지어 옷가지를 찢기도 하며 애를 먹였다. 이에 연유하여 신래위는 귀찮도록 이런저런 수작을 부리는 장난을 의미했고, 후에는 서로 자기주장을 고집하며 다투는 '실랑이'로 변했다.

상점 앞에 길게 늘어선 줄에 누군가 새치기하면 실랑이가 벌어지고, 취객에게 가게 주인이 바가지를 씌워도 실랑이가 벌어지며, 운동장에서 심판이 잘못된 판정을 내리면 부당하다고 느낀 선수와 실랑이를 하게 된다.

◆ 승강이

"이에 더욱 격분한 농민들은 지주와 <u>승강이</u>를 했다." (이기영, 《두만강》)

유의어 '승강이'도 서로 자기주장을 고집하며 다투는 일을 의미한다. 오를 승(乘), 내릴 강(降)이란 어근에서 알 수 있듯 서로 목소리를 높이며 제 주장이 상대보다 우위에 있다고 주장함을 나타낸 말이다. 서로 자기주장을 내세우며 다투는 일을 표현하고자 할 때 실랑이와 승강이 중 어느 것을 써도 무방하다. 다만, 승강이는 양쪽 주장이 팽팽하게 맞서는 경우에만 쓰고, 다투기는 해도 한쪽이 일방적으로 당할 때는 실랑이를 써야 한다. 실랑이에는 괴롭히는 일이란 의미가 담겨 있는 까닭이다.

◆ 옥신각신

"더 <u>옥신각신</u>해야 되려 그이 신경에만 해롭겠어서 벌떡 일어나 나와 버렸지." (채만식,《소망》)

실랑이가 옳으니 그르니 하며 남을 못살게 굴거나 괴롭히는 일이라면, '옥신각신'은 서로 승강이나 시비를 따지면서 다툼을 이르는 말이다. 이 말의 어원은 '올신 갈신'이며 여기에서 '신'은 '신이 나다'에서 쓰이는 것처럼 열중했을 때 일어나는 흥거운 기분을 가리킨다. 다시 말해 두 사람이 열을 내며 시비 가리는 모습을 표현한 '올 때의 열기, 갈 때의 열기'를 이르는 올신 갈신에서 받침 ㄹ이 강하게 나면서 ㄱ으로 바뀌어 옥신각신이 됐다.

걸어가다 어깨 부딪친 사람끼리 상대의 잘못을 탓하며 옥신각신하고, 월세 인상 여부를 두고 건물주와 세입자가 옥신각신하고, 정육점에서 파는 삼겹살에 비계가 너무 많으면 주인과 손님이 옥신각신 다투며, 무역회담에서는 두 나라 대표가 서로 유리한 고지를 차지하고자 옥신각신하고, 가뭄 때 줄어드는 강물을 두고 아랫마을 윗마을이 더 쓰겠다며 옥신각신한다.

요컨대, 옥신각신은 서로의 뜨거운 열기가 오고 감을 나타낸 말이며, 올신갈신의 억센 말인 '올씬갈씬'은 어수선하게 자꾸 왔다 갔다 하는 모양을 나타낼 때 쓴다. 예를 들어, 큰 경기가 열리는 운동장 관람석에는 올씬갈씬 드나드는 사람들로 붐비고, 출퇴근 시간대에는 전철역에 많은 직장인이 올씬갈씬 다닌다.

 우리말 사전

○ **실랑이** 옳으니 그르니 하며 서로 다투는 일.
○ **승강이(昇降이)** 서로 자기주장을 고집하여 다툼.
○ **옥신각신** 서로 시비를 따지면서 다투는 모양.

제2장

아는 척 대신
진짜 아는 말을 늘려라

지식을 채우는 말

왜 '프랑스개혁'이라는 말은 없을까?

개혁, 혁명

개혁 ←— 비슷한 말 —→ 혁명

◆ **개혁**

"그때 아마 월급으로 쌀 한 가마 값을 쳐서 받았으니깐 화폐 **개혁**
한 돈으로 한 칠팔천 원쯤 됐겠다." (김소진,《열린 사회와 그 적들》)

'개혁(改革)'은 가죽을 고친다는 뜻이고, '혁명(革命)'은 가죽의 목
숨이라는 뜻이다. 현재 우리가 쓰는 말뜻과는 완전히 딴판인데 어
찌 된 일일까? 그 의미를 파악하려면 가죽에 대해 제대로 알아야
한다.

가죽은 '거죽'과 같은 어원의 말로서, 동물의 겉을 싸고 있는 부분을 말한다. '처음', '가장자리', '겉'을 뜻하는 우리말 'ᄀᆞᆾ'에 접미사 '-옥'이 붙어 '가족', '가죽', '거죽'으로 변화했다. 이후 '가죽'은 동물 몸의 껍질을 이루는 질긴 부분, 거죽은 물체의 겉 부분을 가리키는 말로 구분됐다. 'ᄀᆞᆾ'에 '그 물건을 만드는 사람'이라는 의미를 지닌 '-바치'가 더해진 '갖바치'는 가죽신 만드는 전문가를 이르는 말이었다.

가죽을 '피혁(皮革)'이라고 하는데, 엄밀히 따지면 피(皮)와 혁(革)에는 차이가 있다. 피는 털이 그대로 붙은 가죽을, 혁은 털을 제거하고 무두질한 가죽을 말한다. 예를 들어 밍크코트는 피제품이요, 지갑은 혁제품이다.

피는 짐승을 잡아 갓 벗겨낸 가죽으로 털은 물론 기름기가 그대로 남아있다. 생가죽은 무겁고 끈적거리므로 사용하려면 먼저 기름기를 빼야 한다. 이어 그 가죽이 굳지 않도록 무두질을 한 다음 팽팽하게 펴서 말리는 마무리 작업을 해야 비로소 오래 쓸 수 있는 가죽을 얻을 수 있다. 이처럼 여러 번 삶아 기름기를 빼고 무두질을 거치고 주름을 펴서 말려 마침내 부드럽게 만든 가공 가죽을 혁이라고 한다.

다시 말해, 사냥한 동물의 생가죽을 벗기는 일보다 그 가죽이 굳지 않도록 부드럽게 하는 작업이 훨씬 어렵고 힘들다. 피는 자연 그대로의 상태이지만, 혁은 문명의 힘으로 바꾼 상태인 셈이다. 그러하기에 '제도나 기구 따위를 새롭게 뜯어고침'을 개혁(改革), '낡은 것을 바꾸거나 고쳐서 새롭게 함'을 혁신(革新), '묵은 기구나 법령 따위를 없앰'을 혁파(革罷)라고 표현했다.

16세기 유럽에서 로마 가톨릭교회에 반대하여 일어난 종교개혁 운동은 엄청난 반향을 일으키며 프로테스탄트 교회를 탄생시켰고, 1894년 조선에서 개화당이 추진한 갑오개혁(甲午改革)은 재래의 문물제도를 근대식으로 고치는 혁신적인 조치였으며, 20세기 들어서는 화폐 개혁, 농지 개혁, 교육 개혁 등 다양한 분야에서 큰 변화가 이뤄졌다.

◆ **혁명**

"프랑스**혁명**으로 절대 왕정이 무너지자 개관된 것이 루브르 박물관이다." (김성우, 《문화의 시대》)

이에 비해 혁명은 《역경(易經)》에서 말한 '천명(天命)'을 새롭게 한다는 뜻에서 비롯됐으며, 본래 제도가 아닌 사람의 운명을 바꾸는 역성혁명(易姓革命)을 이르는 말이었다. 옛날 사람들은 폭군이 출현하면 하늘도 명(命)을 거둬들인다고 보았다. 이때를 놓치지 않고 재빨리 종전의 명을 뒤집어 놓는 게 혁명이다. 천명을 완전히 뜯어고친다는 뜻이다. 다시 말해 국왕을 바꾸면(易) 세상이 완전히 달라지리라는(革) 믿음에 따라, 부덕하여 민심 잃은 왕을 덕이 있는 다른 사람으로 바꾸고 새로운 왕조를 세우는 일이 곧 혁명이었다. 그런데 새로 집권한 왕은 백성에게 변화를 보여주고자 빠르게 여러 조치를 시행했기에 혁명은 어떤 상태 따위에 급격한 변혁이 일어나는 일을 의미하게 됐다.

유럽의 경우 오랜 세월 종교적 권위를 강화하기 위해 혁명을 불순한 개념으로 강조했으나, 르네상스 시대에 인문주의가 등장하면서 그 관점이 바뀌기 시작했다. 17세기 영국 작가 존 밀턴은 혁명을 자유를 얻기 위한 수단이라 말했고, 그런 정서를 바탕으로 18세기 프랑스와 미국에서 압제적인 지도자로부터 자유를 쟁취하려는 시도가 일어났다.

18세기 말엽 일어난 프랑스혁명은 부르봉 왕조를 무너뜨리고 사회 전반을 크게 바꾸었고, 비슷한 시기 영국에서 시작된 산업혁명은 생산 기술과 그에 따른 사회조직을 크게 변화시켰으며, 1917년 3월과 10월에 잇달아 일어난 러시아혁명은 세계 최초로 사회주의 정부를 출범시켰고, 현재는 에너지 혁명 시대라 해도 과언이 아닐 만큼 에너지 공급원에 대대적인 변화가 일어나고 있다.

오늘날 혁명은 정치·사회적인 분야뿐 아니라 여러 방면에서 큰 변화를 불러일으킨 일을 가리키는 말로 쓰이고 있다. 과학혁명·상업혁명·유통혁명 등이 그런 말들이며 이때의 혁명은 이전 관습이나 방식 따위를 단번에 깨뜨리고 질적으로 새로운 걸 급격히 세우는 일을 의미한다. 같은 맥락에서 대대적인 변화를 꾀하고자 시행하는 대책을 '혁명적 조치'라고 표현하기도 한다.

한편 어떤 정변(政變)이 일어나면 그 거사(擧事)가 쿠데타인지 혁명인지를 두고 논란이 생긴다. 예컨대 박정희가 주도한 5·16이 군사혁명이냐, 쿠데타냐 하는 문제가 그렇다. 일반적으로 성공하면 혁명으로 인정되고 실패하면 쿠데타로 치부되기 일쑤이지만, 엄밀히 말해 누구를 위해 거사했느냐가 판단의 잣대라고 할 수 있다.

즉, 대다수 국민을 위한 일이라면 혁명이요, 개인적 권력욕을 위한 일이라면 쿠데타임이 분명하다. 사전적으로도 쿠데타는 지배계급 내부의 단순한 권력 이동으로 이루어지며, 체제 변혁을 목적으로 하는 혁명과는 구별된다.

 우리말 사전

○ **개혁(改革)** 제도나 체제 따위를 새롭게 뜯어고침.
○ **혁명(革命)** 종래의 권위나 방식을 단번에 뒤집어엎는 일.

'관료'를 '관리'라 부르면 실례다

관리, 관료

관리 ◄— 비슷한 말 —► 관료

◆ 관리

"상감께서 밝으시와 지방 **관리**들도 모두 맑아서 가히 민폐라고 할 것이 없었습니다." (김선풍, 《속담 이야기》)

'관리(官吏)'란 관직에 있는 사람을 이르는 말이지만, 본래 관(官) 과 리(吏)는 차이가 있었다. 관은 조정에서 치르는 과거에 급제 한 사람을 뜻했다. 관을 임용할 때에는 폐단을 방지하기 위해 출 신 지역과는 멀리 떨어진 곳에 배치했다. 그런데 낯선 곳에 내려간 관이 현지 주민을 제대로 다스리기는 어려우므로, 그 보완책으로 그 지방 출신의 리를 두었다. 서로 협조하여 정치를 잘하라는 의미였으나 이들은 백성 위에 군림하려 들었다. 그로 인해 백성들 눈에 한통속으로 비춰져 관리는 곧 '벼슬아치'를 뜻하게 되었다.

왕조 시대에 바르게 처신하는 관리도 있었으나 탐욕만 부리고 권세를 과시하는 무능한 관리도 많았기에 '법 모르는 관리가 볼기로 위세 부린다'라는 속담이 생겼다. 법 규정을 제대로 알지 못하는 벼슬아치가 덮어놓고 볼기를 치며 위세를 부린다는 뜻으로, 실력 없는 자가 우격다짐으로 일을 처리하는 경우를 이르는 말이다.

◆ 관료

"당정 협의는 당에 파견된 <u>관료</u>들이 주도하다 보니 개혁파의 목소리는 실낱같다." (중앙일보 2000.1.)

관리가 공직인 일을 수행하는 공무원이라면, '관료(官僚)'는 직업적인 관리 집단 특히, 정치에 영향력이 있는 고급 관리를 이르는 말이다. '벼슬아치(官) 무리(僚)'라는 뜻의 관료를 영어로는 '뷰로우크러시(bureaucracy)'라고 한다. 뷰로우(bureau)는 서랍이 달린 책상이란 뜻이다. 책상 그 자체가 관료주의의 상징이기에 '탁상행정'이란 말이 나왔다. 탁상 위에서만 하는 행정이라는 뜻으로, 현실적이지 못한 행정을 이르는 말이다.

관료제는 예부터 이집트·페르시아·중국 등의 고대 국가에서 정치를 좌우해 온 거대한 권력 구조였다. 기득권층인 관료는 강한 보수성이 특징인데, 19세기에 활약했던 영국 작가 찰스 디킨스는 《행정개혁(Charles Dickens on Administrative Reform)》이라는 소책자에서 지나치게 보수적이었던 당시 관료를 다음과 같이 비판했다.

몇 세기 전 나무막대에 눈금을 새기는 지극히 원시적인 회계 양식이 영국 재무성에 도입됐다. 로빈슨 크루소가 무인도에서 날짜를 기록한 방식으로 계산하듯 재무성의 회계는 '부목(符木)'이라는 이름의 느릅나무 막대기에 줄곧 의존했다. 많은 회계인과 장부작성자들이 힘겨워하며 죽어갔지만, 관청의 관료는 마치 입헌정제의 지주이기라도 하듯 새김눈 막대를 고수했다.

조지 3세 치하에서 혁명정신이 태동했을 때, 사람들은 붓이며, 잉크, 종이, 연필 등이 사방에 널려 있는데도, 굳이 그 낡아빠진 구습을 고집해야 하는지, 그리고 왜 현대적인 체계를 도입하지 않는지 하는 문제를 제기했다. 하지만 관료계급은 완고하게 관습을 고집했으며, 그 나무막대는 1826년에 이르러서야 종료됐다.

1834년 사람들은 부목이 엄청나게 산적되어 있음을 깨닫고는 그 좀먹고 낡아빠져 곰팡내 나는 나무막대들을 어떻게 처리해야 할지 고민했다. 일단 그것들을 웨스트민스터 사원으로 옮겼는데, 몇몇

지혜로운 이들은 인근의 가난한 이들에게 땔감으로 나누어주자고
건의했다. 하지만 고지식한 관료계급은 이제 아무짝에도 쓸모없으
므로 더이상 그 무엇에도 소용되어서는 안 된다고 주장했으며, 남
몰래 그것들을 불살라버리라고 명령했다. 소란 끝에 그것들은 영
국 상원의 벽난로에서 불살라졌다. 벽난로에 이 낡은 나뭇조각들
이 꽉 들어차자 거센 불길이 인근 판자에 옮겨붙었고, 곧 상원 건
물 전체가 화재에 휩싸였으며 급기야 궁전 두 채가 잿더미로 변했
다. 그러자 다시 건물을 세우기 위해 건축가들을 불렀고, 재차 엄청
난 경비를 들여 현재의 건물을 세웠다.

다소 긴 내용이지만 관료의 비뚤어진 권위의식과 완고함이 얼
마나 대단하지 잘 보여준 일화라서 소개했다. 오늘날에도 많은 나
라에서 관료는 경직되고 비효율적인 행정을 펼치기에 '관료주의'
는 종종 비판의 대상이 된다. 상급자에게는 약하고 하급자에게는
힘을 내세우며, 자기 업무와 직접 관련이 없는 일에는 신경 쓰지
않고, 자기 책임은 지지 않으려는 특성이 '관료주의'의 본질이다.
또한 아무리 급한 일이라도 담당이 없으면 처리할 수 없다는 사고
방식은 지극히 관료적이고, 권위로 개인의 힘을 무력화시키려는
경향이 강하다.
　능률과 발전을 중시하는 기업들은 빠른 변화에 능동적으로 대
처하고자 관료제적 경직성을 경계하고 있으나 보수성이 강한 분

야, 예컨대 교육 및 법조 관료들은 잘못을 시정해 달라는 많은 사람의 요구를 외면하곤 한다. 언론에 '관료적 권위주의', '관료 행정의 단기적 안목', '관료적 색채' 따위 말들이 자주 등장하는 이유가 여기에 있다.

 우리말 사전

○ **관리(官吏)** 관직에 있는 사람.
○ **관료(官僚)** 정부의 직업적 고위 관리들.

국제 관계와 관련된 용어

국제, 세계, 기회균등, 현상 유지

◆ 국제

"앞으로 우리 청년들이 할 일은 동포끼리의 감투싸움이 아니라 국
제 간의 개화 경쟁이야." (유주현, 《대한제국》)

지구상에는 수많은 사람이 있고 인류는 여러 나라와 민족으로
나뉘어 서로 협력하거나 다투면서 살아가고 있다. '국제(國際)'와
'세계(世界)'는 지구상의 존재를 거론할 때 빠지지 않는 낱말인데
그 의미는 미묘하게 다르다. 조형근의 《논술의 정석》에 있는 다음

문장을 통해 국제와 세계의 차이를 먼저 한번 생각해 보자.

세계화를 단지 **국제** 사회에서 국가 상호 간의 의존성, 협력의 증대로만 이해한다면 이는 자칫 강대국 중심의 시각이 될 수도 있음을 유의해야 할 것이다.

알 듯 모를 듯하다면 이제 본격적으로 국제의 의미부터 살펴보자. 국제는 나라(國)와 나라 사이(際)를 가리키는 말이다. 예전에 선교사는 국제 교섭의 문을 두드리는 개척자 역할을 했고, 항공기 발달은 국제 교류 시대를 열었고, 많은 젊은이가 도시로 모이면서 농촌 노총각들의 국제결혼이 빈번해졌으며, 기계 및 도구가 보편화되면서 국제적 표준화 작업이 이뤄지고 있다.

유엔(UN)은 United Nations의 약자(略字)로써, 국제연합(國際聯合)이라고 번역된다. 제2차대전 이후 세계의 평화 유지를 위해 창설된 국제기구인데, 애초에 기획된 명칭은 AP(Associated Powers)였다.

어느 날 목욕하던 영국 총리 윈스턴 처칠은 이 국제기구의 명칭을 바꿔야겠다고 생각했다. 처칠은 바이런의 시(詩) 중에 'Here, where the sword united nations drew'라는 구절에서 united nations을 생각해 내고는 미국의 루스벨트 대통령에게 UN이라는 명칭 사용을 건의했다. 루스벨트 역시 '연합국'이라는 뜻을 마음에 들어 하며 받아들였고 결국 UN으로 정해졌다. 이후 유엔은 국제문제에 적극적으로 개입했고, 미국은 국제경찰을 자처하는 상황이다.

◆ **세계**

"이 <u>세계</u>는 즐기는 사람의 것이다." (영국 속담)

국제가 나라와 나라 사이의 관계를 강조하는 말이라면, 세계는 집단적 범위를 강조하며 지구상의 모든 나라를 이르는 말이다.

1918년에 발생해 2년 동안 전 세계에서 2,500만~5,000만 명의 목숨을 앗아 간 스페인 독감은 세계 인구의 1퍼센트 이상을 줄여서 지금까지도 인류 최대의 재앙으로 불린다. 1960년대에는 세계적으로 가발이 유행한 덕분에 우리나라 가발 산업이 크게 번창해 수출의 일익을 담당했다. 1990년대 들어 컴퓨터 통신 발달은 전세계 사람들의 정보 교환을 가능하게 해 주었고, 현재 인터넷은 현실 세계와 다른 가상 공간을 급속도로 넓혀 가면서 세상의 경계를 무너뜨리고 있다.

요컨대 세계는 지구에서 살아가는 인류 사회 전체를 아우르는 말이며 한편으로 집단적 범위를 지닌 특정 사회나 영역을 의미한다. 경계 계(界)는 한정된 공간을 이르므로, 현재 실제로 존재하는 '현실 세계', 주관적으로는 있는 것처럼 보이나 객관적으로는 존재하지 않는 '가상 세계', 폭력과 죄악이 난무하는 '범죄 세계', 상상으로 꿈꾸는 '공상 세계'가 그러한 사례들이다.

◆ 기회균등

"교육 **기회균등** 보장을 위해 도서 벽지 완도군과 신안군에도 프로
그램이 마련됐다." (국민일보 2024.1.)

그런가 하면 세계 속의 각국은 경쟁하며 공존하는데 외교 용어
에서 유래된 '기회균등(機會均等)'과 '현상 유지(現狀維持)'는 국제적
생리를 여실히 보여주는 말이다.

기회균등은 이익 얻는 기회를 평등하게 한다는 뜻으로, 19세기
말엽 중국에 진출한 여러 제국주의 국가들이 다투어 통상의 기회
균등을 요구한 데서 비롯됐다.

기회균등은 한 나라가 어떤 나라에 대해 경제 활동에 관한 이
익을 줄 경우 다른 이해 관계국에도 동시에 똑같은 이익을 주어야
하며 어떠한 차별도 하지 않는다는 것이다. 이 말은 20세기 이후
분야를 가리지 않고 같은 의미로 유행했으며 '교육의 기회균등'처
럼 누구에게나 기회를 고루 주는 일을 가리킬 때 쓰게 됐다.

"사교육 폭증은 **기회균등**의 박탈" (뉴스1 2023.7.27.)

◆ 현상 유지

"누구나 알다시피 중국은 전통적으로 '한반도의 안정과 **현상 유지**'를 추구해 왔다." (천지일보 2012.4.)

'현상 유지'도 외교상의 말인데, 여러 외국의 형세에 상관없이 자국은 의연히 그 당시의 상태 그대로 유지함을 의미한다. 예컨대 1814년 오스트리아 빈에서 열린 국제회의에서는 자유주의와 민족주의 운동을 탄압하면서 유럽의 현상 유지를 합의 결정했다. 그렇지만 현상 유지 역시 일반적인 일에도 응용되어 지금의 상태 그대로 버티어 나아감이란 의미로 쓰이고 있다.

 우리말 사전

○ **국제(國際)** 나라 사이에 관계됨.
○ **세계(世界)** 지구상의 모든 나라.
○ **기회균등(機會均等)** 누구에게나 기회를 고루 주는 일.
○ **현상 유지(現狀 維持)** 지금의 상태 그대로 버티어 나아감.

'낭만'적인 분위기,
봄날의 '풍류'

낭만, 풍류

낭만 ◀── 다른말 ──▶ 풍류

◆ 낭만

"잠시 쉬고 싶다면 낙엽 더미에 발을 묻고 한적한 벤치에 단둘이 앉아 보는 것도 **낭만**적이다." (경향신문 2004.12.)

정열과 낭만이 넘치던 학창 시절, 여전히 문학소녀 같은 낭만성을 가진 할머니, 낭만이 가득한 겨울 바다… 여기서 공통으로 들어간 '낭만(浪漫)'은 무슨 뜻일까? 낭만, 낭만적, 낭만성 따위는 자주 쓰는 말이지만, 그 의미를 물어보면 제대로 말하는 사람이 드물다. 왜 그럴까? 결론부터 말하자면 한자어 낭만이 본래 어원과 동떨어진 데 그 이유가 있다.

그 어원은 멀리 로마 시대까지 거슬러 올라간다. 고대 로마 사람들은 고전 라틴어를 썼는데 그들의 언어는 평속 라틴어를 거쳐 이탈리아어·독일어·포르투갈어·스페인어 따위로 분화되었다. 즉, 그 지방의 일상어로 자리매김했으며 이런 근대어를 언어학에서는 로맨스어(Romance Language)라고 한다. '로마인의 말'이란 뜻이다.

대체로 평속 라틴어로 쓰인 이야기는 12세기 중엽 기사도를 다룬 문학 형식으로 나타났는데, 거기엔 반드시 미모의 아가씨가 끼어있었고, 그 때문에 기사 무용담에는 미모의 아가씨가 공식처럼 등장했다. 세르반테스의 풍자소설 《돈키호테》도 이에 힘입어 태어난 작품이다. 중세 유럽인들은 영웅들의 욕망과 모험이 펼쳐지는 새로운 문학 장르 로망(roman)에 푹 빠졌고, 용맹한 기사가 절세미인과 만나 운명적인 사랑을 나누는 로망스(romance)를 동경하였다.

이 무렵 '로마인의'란 뜻의 로망스가 영어로 넘어와 '로맨스(romance)'가 됐고, 부사에서 명사처럼 여겨져 달콤한 사랑을 의미하게 됐으며, 공상 세계를 동경하고 감상적인 정서를 중시하는 창작 태도를 '로맨티시즘(romanticism)'이라 말하게 됐다.

18세기 말엽 영국과 독일에서 일어난 로맨티시즘 운동은 그 시대를 지배한 철학에 반발하여 중세 로맨스 정신을 되살리고자 시도한 것이었다. 베를리오즈가 이끈 로맨틱 음악은 감정과 상상력을 기반으로 하고 있고, 들라크루아로 대표되는 로맨틱 미술은 동적(動的)인 느낌으로 인간의 감정을 표출하는 데 중점을 두었다.

일본인 소설가이자 영문학자 나쓰메 소세키가 1907년에 이 로맨스를 낭만으로 번역했다. 그는 로맨티시즘을 낭만주의, 로맨틱을 낭만적, 로맨스를 로망스(浪漫斯)로 번역했다. 로망의 번역어로 쓰인 물결 랑(浪), 넘쳐흐를 만(漫) 자는 그저 일본어 발음이 비슷한 한자였을 뿐이었으나 일본어식 표기가 널리 퍼지면서 우리나라와 중국에 전해졌다.

이런 변화를 거쳐 현재 낭만은 현실에 매이지 않고 감상적으로 사물을 대하는 심리 또는 감미롭고 감상적인 분위기를 나타낼 때 쓴다. 오래된 유럽의 다리 위에서는 거리 음악가들이 악기를 연주하며 낭만적인 분위기를 자아내고, 영화에서는 자극적인 흥미를 끌고자 깡패들을 낭만적으로 미화하기도 하고, 대학가는 볼거리, 들을거리, 먹을거리가 많기에 낭만적으로 여겨진다.

◆ 풍류

"덕수궁 석조전서 **풍류** 즐겨볼까…국립국악원 기획공연 야연" (연합뉴스 2024.2.)

이에 비해 '풍류(風流)'는 본래 선왕이 남긴 유풍(遺風)과 여류(餘

流)를 이르는 말이었다. 즉, 선대 왕부터 전해져 온 풍속과 주되는 흐름 외의 여유로 즐기는 곁가지 흐름이 곧 풍류였다. 멋스럽게 전해 내려오는 풍류가 성실하고 인정이 두터움을 '풍류독후(風流篤厚)', 풍류가 있는 사람을 '풍류인(風流人)'이라고 불렀다.

우리의 경우에는 삼한을 포함한 한반도 지역에서 내려오던 전통문화와 풍속 등을 풍류라 칭했다. 신라 시대 문장가 최치원이 쓴 〈난랑비(鸞郞碑)〉 서문에 다음과 같은 내용이 있다.

우리나라에 현묘한 도가 있으니, 말하기를 **풍류**라 한다. 이 종교를 일으킨 연원은 선(仙) 역사서에 상세히 실려있거니와, 근본적으로 유, 불, 선 3교를 이미 자체 내에 지니어, 모든 생명을 접하여 저절로 감화시킨다.

여기서 풍류는 막힘없이 흐르는 물과 바람처럼 융통성이 있으며 아울러 속되지 않고 고상한 세계관을 의미한다. 이런 도를 깨우친 사람은 운치와 품격이 있으므로 풍류는 자연과 이성을 넘나드는 아름다움이나 멋스러움을 뜻하기도 했다.

고려 시대에 팔관회에서 행해진 음주가무, 조선 시대에 양반이 물가 높은 곳에 있는 정자에 앉아 조용히 경치를 감상한 일, 선비가 겨울에 꽃피우는 매화 분재를 키우며 원칙과 소신이라는 선비 정신을 새김질한 일, 맑은 음악을 들으며 수양한 일, 운치 넘치는 시를 지어 서로 주고받은 일 등이 모두 풍류였다. 유현종도 소설 《들불》에서 그런 의미로 다음과 같은 글을 썼다.

> 자기 정신의 수양과 심신의 연마부터 주장한 것은 상고 이래 **풍류** 도와 통해 있었다.

그렇지만 날마다 힘들게 일해 간신히 먹고 사는 농부 눈에는 그러한 양반들 모습이 게으르게 보였기에 '귀뚜라미 풍류하다'라는 속담이 생겼다. 게으른 농부가 여름철 내내 논에다 손을 대지 않아 귀뚜라미 우는 가을에 김이 우거져 있음을 비유적으로 이르는 말이다.

이렇듯 풍류는 세시풍속에서 경치, 음악, 문학에 이르기까지 느끼며 즐기는 일을 의미했기에, 오늘날에는 풍치가 있고 멋스럽게 노는 일을 이르는 말로 쓰고 있다. 유서 깊은 유적지를 여행하거나 영화 및 연극을 관람하거나 독특하게 꾸며진 정원을 감상하고, 관심 가는 예술품을 수집하거나 좋아하는 작가의 문학 작품을 감상하는 일 모두가 풍류라 말할 수 있다.

📖 우리말 사전

○ **낭만(浪漫)** 감미롭고 감상적인 분위기.
○ **풍류(風流)** 멋스럽고 풍치가 있는 일.

'흑막'은 사람을
지칭하는 단어가 아니다

내막, 흑막, 흑책질

흑막 ←—부정적인 말— 내막 ←— 다른 말 —→ 흑책질

◆ 내막

"나란히 재판행 부산 중견기업 사주 일가, 경영권 다툼 <u>내막</u>" (연합뉴
스 2024.2)

'내막(內幕)'이란 말은 장군의 막사에서 유래했다. 중국 전국시대
의 야전(野戰)에서는 적장의 목을 베면 그 직후 일전이 끝났기에,
상대방 장수의 목을 베려고 서로 혈안이었다. 그래서 어떻게든 적
군 장수의 목을 노렸고, 그런 만큼 장수의 거처는 접근 금지지역

이었다. 장수 침소로 삼은 막사는 이중으로 경비했으니 바깥에 외막(外幕)을 치고, 다시 안쪽에 내막을 쳐서 쥐새끼 한 마리 드나들지 못하도록 엄중히 경계했다. 그러므로 일반 병사들은 그 속이 어떻게 생겼는지, 그 속에서 무슨 일을 하고 있는지 전혀 알 길이 없었다. 겉으로 드러나지 않은 일의 내용을 뜻하는 내막이란 말은 여기에서 유래되었다. 내막에 해당하는 우리말 순화어는 '속사정'이다.

모르는 사람 입장에서 내막은 궁금한 일이기에 호기심의 대상이 된다. 누군가 대문 밖에서 소동을 피우면 내막을 알아보고 싶어지고, 오랫동안 만났어도 늘 말이 없던 동료가 어느 날 숨겼던 과거를 털어놓으면 내막을 알게 된 사람은 놀라기 마련이다. 정치인의 은밀한 내막을 파헤친 기자는 특종을 터뜨리고자 기사를 쓰고, 어느 여배우의 딸이 재벌의 혼외자식이라는 내막이 드러나면 사회적 파장이 크다. 또한 어떤 일이든 내막을 알아야 그 분야에서 헤매지 않고 실수 없이 일할 수 있다.

요컨대 내막은 당사자나 관련자만 알고 대부분 사람은 모르는 일이기에, 유홍종은 《사바로 가는 길》에서 다음과 같이 썼다.

연화는 아까부터 도영의 아버지에 관한 얘기가 퍽 궁금했다. 그들 사이에 무슨 **내막**이 있는 게 분명했지만 가족 관계에 얽힌 속사정을 물어볼 수가 없었다.

◆ 흑막

"굼벵이 같던 영감이 빠르기도 한 게 아무래도 무슨 **흑막**이 있는 것만 같았다." (김승옥, 《다산성》)

내막이 은밀함에 방점을 찍은 말이라면 '흑막(黑幕)'은 표면에 서지 않고 이면에서 계획을 세우는 일을 이르는 말이다. 검은 장막을 친 채 그 안에서 밀담을 나누는 일은 제삼자에게 좋게 보이지 않기에 사실상 '음흉한 내막'을 의미한다.

《조선왕조실록》에 흑막이란 말이 세 차례 등장하는데, 하나같이 밝혀야 할 음모라는 의미를 나타냈다. 예컨대 정조 19년 3월 3일을 살펴보면 사간 이현도를 흑산도에 정배하라고 명하면서 다음과 같이 말했다.

"큰 죄 중에도 용서할 수 있는 것이 있고 작은 죄 중에도 용서할 수 없는 것이 있다. 신하가 임금에게 고할 때에는 그 말을 명백하게 논리적으로 하도록 힘써야 한다. 그런데 그의 말을 보면 온통 음험하게 **흑막**을 쳐놓고 있어 차마 바라볼 수가 없었다."

흑막은 은밀한 움직임으로 이어지는 일이 많으므로 박종화는 《전야》에서 다음과 같이 썼다.

"영의정 권돈인도 벌써 정원용의 뒤에는 김씨의 **흑막**이 움직이고 있는 것을 모르는 바가 아니라."

비단 왕조 시대만 아니라 현대에도 흑막은 정치계에서 횡행하고 있다. 광복 직후 우리나라에서 좌익과 우익이 극렬히 대립할 때 흑막정치를 바탕으로 정적 암살이 자행됐고, 현재 워싱턴 흑막 정치의 전설로 여겨지는 미국인 정치 컨설턴트 로저 스톤은 도널드 트럼프에게 간교한 증오 발언을 조언하며 선거 운동 기간 막후에서 승리를 안겨준 킹메이커로 활동했다.

◆ 흑책질

"역대 정권은 정치자금 조달이란 명분으로 서슴없이 **흑책질**을 자행했지만 우리들은 지금껏 한 번도 명쾌히 그 연유를 밝힌 적이 없었다." (매일신문 1997.5.)

흑막은 정당하지 못한 비열한 음모이기도 하므로 어떤 면에서 '흑책질'과 일맥상통한다. 흑책질은 뭔가 노리고 남의 일을 교활한 수단으로 방해하는 짓을 이르는 말인데, 1921년 12월 13일자《매일신보》'만리경'에 그 뜻을 잘 일러주는 내용이 보인다.

연극장 무대 안에 구경꾼이 들어가는 것은 아주 문란하기 한량없는데, 요새 광무대 무대 안에는 쓸데없는 자들이 들어가서 공연히 <u>흑작질</u>을 하는 폐단이 있어서 볼썽에 고약하니, 취체 순사는 이런 것을 취체하여야 되겠다고 일반 관람자의 비평 욕설거리.

예전에는 흑작질과 흑책질을 더불어 썼으나 지금은 흑책질만 표준어로 삼고 있다.

 우리말 사전

○ **내막(內幕)**　겉으로 드러나지 아니한 일의 속 내용.
○ **흑막(黑幕)**　겉으로 드러나지 아니한 음흉한 내막.
○ **흑책질**　교활한 수단으로 남의 일을 방해하는 짓.

'무역'과 '교역'의
결정적 차이

무역, 교역, 상인, 매판자본

◆ **무역**

"<u>무역</u>장벽이 없다면 중국 전기차가 전 세계 자동차 회사들을 무너
뜨릴 것이다." (한국경제 2024.2)

철저한 중상주의자(重商主義者)였던 중국 한나라의 사마천은 "가
난을 벗는 길은 장사가 최고"라고 말했다. 사마천은 '무역(貿易)'이
라는 말의 창조자이기도 한데, 그는 《사기(史記)》에 '이물상무역(以
物相貿易)'이라는 구절을 씀으로써 상거래의 중요성을 강조했다.

여기서 무역은 물건을 서로 바꾼다는 뜻이다. 물물교환이 무역의 출발인 셈이다.

종족 간에 재화 및 용역의 물물교환이 행해졌다는 기록은 고대부터 있었다. 국내에서 부족한 물자를 외국에서 사 오는 '수입'이 우리 역사에서 기록상 처음 나타난 시기는 기원전 7세기경이다. 당시 고조선과 중국 제(齊)나라 사이에 무역이 이루어진 사실이 제나라 재상 관중(管仲)이 쓴 《관자(管子)》에 실려있다.

고구려에서는 5세기 말 장수왕 때 위(魏)나라와 조공형식을 띤 대외무역이 활발했다. 중국의 역대왕조들은 조공무역을 통해 자신들의 선진물품을 이웃 나라로 보내 많은 이익을 남겨주는 방식으로 해당 국가를 회유하는 정책을 펼쳤다.

조선 시대까지의 전통적 무역구조는 국제경제의 분업체계에 의한 상호 이익추구보다는, 정치적 이해관계에 따라 특산물을 보내고 받는 지배층을 위한 일이었기에 대중의 생활과는 무관했다.

현대적 개념의 국제무역은 중세유럽 말기 근대국가가 출현한 무렵부터 시작됐다. 16~17세기 유럽 세계에 가장 큰 영향을 끼쳤던 중상주의자들은 경제를 분석하면서 부를 축적하는 일이 국가가 시행해야 할 가장 중요한 정책이라고 주장했다.

중상주의 철학이 제시한 무역정책은 매우 단순했다. 즉, 수출을 장려하고 수입을 억제하며 금으로 이익을 획득하는 것이 정책의 전부였다. 중상주의 이론가들은 민족주의적 성향을 지니고 있어서 그 이론의 허점을 미처 깨닫지 못했지만, 무역의 중요성만큼은 확실히 강조함으로써 국제무역의 기초를 쌓았다.

세계 각국은 무역을 통해 서로 재화를 교환했는데 기축통화(基軸通貨), 즉, 국제 간 결제의 기본이 되는 화폐가 없었기에 토산물이나 금은을 주고받았고 심지어 인신매매도 자행했다.

18세기경 아메리카 대륙에서는 노예 무역이 성행했다. 또한 19세기에 서구 열강은 식민지를 개척하여 무역의 독점권을 쥐었지만, 20세기 이후 많은 나라가 독립하면서 무역 경쟁이 치열해졌다. 이와 함께 교통 발달은 국제 분업과 무역을 촉진하는 데 크게 기여했다.

오늘날 무역은 지방과 지방 또는 나라와 나라 사이에 서로 물건을 사고팔거나 교환하는 일을 의미하는 말로 쓰이고 있다. 천연자원이 부족한 우리나라는 가공 무역에 힘쓰고 있다.

그러나 세계 곳곳에서 자기 나라 산업을 육성하기 위해 보호무역 정책을 유지하려고 하고, 이로 인해 벌어지는 '무역 전쟁'이 이따금 큰 장애가 되고 있다. 여기서 무역 전쟁은 고율의 관세 부과·수출 금지 따위를 발동하여 상대국과 마찰을 빚는 것을 이르는 말이다.

"미 3월 <u>무역</u>적자 694억 달러…전월보다 0.1% 감소"(KBS뉴스 2024.5.2)

◆ 교역

"미·중 신냉전과 글로벌 공급망 재편으로 인한 **교역** 흐름 변화가 현실화하고 있다는 분석이다." (아시아경제 2024.2)

무역이 지역 간의 재화 교환을 넓게 의미하는 데 비해 유사어 '교역(交易)'은 주로 나라 간의 교환만을 한정하는 개념이다.

고대 중국의 특산물 비단을 내륙 아시아를 횡단하여 서방 여러 나라에 가져간 데서 유래된 '비단길'은 중국과 서아시아·지중해 연안 지방을 연결하였던 옛날 교역로를 이르는 말이고, '쇄국 정책' 은 자국의 이익이나 국가 안보를 지키기 위해 다른 나라와의 교역 을 금지하는 정책을 가리키는 말이다. 1990년대에는 국제 분업구 조가 확산하면서 교역이 세계 성장 대비 약 두 배 속도로 빠르게 증가했다.

요컨대 교역은 재화 교환의 대상이 국가임을 강조할 때 쓴다.

"우리나라와 체코슬로바키아는 20일 쌍무 **교역**에 있어 최혜국 대 우를 하는 것 등을 골자로 하는 무역 및 경제 협력 협정에 가서명 했다." (연합뉴스 1990.4)

◆ 상인

"조선 초기 동해안 **상인**들의 쉼터 역할을 했던 정자터가 경주시 강동면에서 처음으로 발견됐다." (연합뉴스 1998.8.)

예나 지금이나 무역을 이끄는 사람은 '상인(商人)'이다. 상인의 어원은 은(殷)나라 사람들의 강한 생활력에 유래한다. 무왕이 은을 멸망시키고 주(周)를 세우자, 나라를 잃고 전답을 몰수당한 은나라 백성들은 정든 고향을 떠나 사방으로 흩어졌다. 그들은 타지에 아무런 기반이 없었으므로 장사로 연명했다.

그런데 그들의 장사 솜씨가 뛰어났다. 은(殷)은 상(商)이라고도 불렸기에 장사하는 사람들은 '상나라 사람'이란 의미의 '상인'이라 불렸다. 오늘날 화교(華僑)가 전 세계 각 지역에서 큰 상권을 형성하고 있는 일도 이와 같은 상업에 대한 중국인들의 전통적 관심에 기인한다.

◆ 매판자본

"대만 총통, 친중 노선 국민당에 '**매판자본**' 맹비난" (연합뉴스 2018.7.)

한편 19세기 들어 중국에 상업과 기업의 중간 단계랄 수 있는 '매판(買辦)'이 등장했다.

청나라 때 중국 정부는 광주항(廣州港)을 유일한 외국 무역항으로 지정하고 그곳에 통역과 통관사무를 보는 통사(通事)와 매판을 두었다. 매판은 외국 선박과 외국인 숙박소에 필수품을 공급하고, 중국인 피고용인의 감독 임무를 수행했다. 1842년 남경조약이 체결되고 외국인 무역이 자유로워졌지만, 서유럽의 상사는 중국어 및 연안 각 항구의 상관습에 어두웠으므로 매판을 대리인으로 고용하여 중국인 상인과의 상거래를 처리했다. 매판 대부분은 그 지역 유력자였다.

매판은 외국 상인의 고급 심부름꾼 같은 구실을 하다가 19세기 후반부터 점차 자본을 축적하여 본격적인 대리상인 또는 중매인 역할을 했다. 이로써 외국자본과 결탁해 자국민 이익을 해치는 토착세력을 뜻하는 '매판자본'이 탄생했다. 이후 매판자본은 주로 식민지나 후진국 등에서 외국자본과 결탁하여 자국을 착취하기 위한 토착자본을 비판하는 용어로 쓰이고 있다.

📖 우리말 사전

○ **무역(貿易)** 지방과 지방 사이에 서로 물품을 매매하는 일.
○ **교역(交易)** 주로 나라와 나라 사이에서 물건을 사고팔고 하여 서로 바꿈.
○ **상인(商人)** 장사를 직업으로 하는 사람.
○ **매판자본(買辦資本)** 개인 이익을 위해 외국자본과 결탁하여 제 나라의 이익을 해치는 토착자본.

증거를 '수색'해서 범인을 '색출하다'

물색, 검색, 수색, 색출

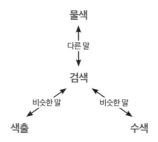

◆ 물색

"이스라엘 국방 '하마스, 신와르 대체자 **물색**…전투의지 꺾여'" (연합뉴스 2024.2.)

무언가를 찾을 때 '물색(物色)', '검색(檢索)', '수색(搜索)'이란 말을 많이 쓰는데 각각의 낱말은 미묘한 차이를 지니고 있다. 무엇이 어떻게 다를까?

물색은 옛날에 네 마리 말이 끄는 수레와 관계된 말이다. 수레를 끄는 말은 균형이 맞도록 몸집이나 힘이 비슷한 말로 고르고 아울러 이왕이면 보기 좋게끔 빛깔도 같은 말로 선별했다. 이때 빛깔 비슷한 말을 '색마(色馬)'라 하고, 영리하고 털 빛깔이 고운 말을 유재색마(有才色馬)라고 했으며, 힘이 같은 말을 '물마(物馬)'라고 하였다.

그러므로 물색은 힘은 물론 빛깔도 비슷한 네 마리 말을 고르는 일을 의미했다. 이에 연유하여 많은 것 중에서 알맞은 물건이나 사람을 고를 때 물색이라는 말을 쓰게 됐다.

중매로 혼인했던 예전에는 집안 어른들이 신랑감·신붓감을 물색했고, 길 떠난 나그네는 저녁이 되면 하루 머물 주막을 물색했으며, 오늘날에는 아파트 지을 후보지를 물색하거나 국가대표를 이끌 후임자를 찾고자 차기 감독을 물색한다.

물색하려면 상황이나 조건을 잘 알아야 하므로 물색은 어떤 일의 까닭이나 형편이란 의미도 지니고 있다. 주로 부정형으로 쓰이며 "물색 모르고"라는 말은 '일의 연유를 모르고'라는 의미를 담고 있다. 김주영은 자신의 소설 《객주》에서 다음과 같은 문장을 썼다.

백성들은 **물색** 모르고 군란에 동조하고 부세하였으니 턱 떨어진 광대 모양으로 설 자리가 없어 좌왕우왕이었다.

◆ **검색**

"국문 공시를 영어로 **검색** 가능하도록 공시 제목 등을 영문화한 작업은 지난해 완료됐다." (아주경제 2024.2.)

물색이 어떤 기준을 가지고 찾거나 고르는 일이라면, 검색은 필요한 자료들을 찾는 일을 뜻한다. 봉함 검(檢)자는 문갑, 책궤 등 문서의 비밀을 지키기 위하여 봉한 곳에 글자를 쓰거나 표시하는 일을 의미하는바 그러한 단서를 찾아내는(索) 일이 곧 검색이다. 예컨대 인문교양서에서 색인(索引)은 검색을 쉽게 해준다.

과거에는 도서관이나 책에서 필요한 자료를 검색했지만, 컴퓨터가 대중화된 현재 사람들은 인터넷을 통해 원하는 자료를 검색하고, 구직자는 채용정보를 살필 때 조건에 맞춰 검색하며, 방송에서 유명 연예인이 등장한 장소는 검색량이 급격히 증가하고, 범인이 도주하면 경찰은 검문과 검색을 강화한다.

◆ **수색**

"부산 기장 앞바다 침몰 선박 발견…실종 선장 <u>수색</u>" (노컷뉴스 2024.2.)

검색이 단서나 증거를 찾기 위하여 살펴 조사하는 일이라면, 수색은 어떤 물건을 뒤져 살피는 일을 가리키는 말이다. 찾을 수(搜),

찾을 색(索) 음훈 그대로 구석구석 뒤지어 찾는 일이 수색이다. 탄광에서 사고가 일어나면 구조대원들이 실종자 수색에 나서고, 범죄가 발생하면 경찰은 용의자와 관련된 곳을 수색하여 증거를 찾고, 밀수가 증가할 경우 공항에서 세관원은 승객의 휴대품을 수색하는 일이 잦아지고, 검찰은 이따금 편향된 압수 수색으로 공정성 논란을 일으키며, 등산 중 실종신고가 들어오면 소방당국은 긴급 출동하여 산을 수색한다.

◆ 색출

"'민원사주' 제보자 **색출**…사라진 공익신고자 보호" (경향신문 2024.1.)

그런가 하면 '색출(索出)'은 드러날 때까지 샅샅이 뒤져서 찾아내는 일을 뜻한다. 색출에는 막중한 책임감과 의무감이 담겨 있기에 주로 범인이나 용의자를 찾아내는 일을 표현할 때 쓴다. 조선 시대 포도청에서 강도를 색출하고 체포하는 일을 맡아보던 벼슬을 겸록부장(兼祿部長)이라 했고, 범죄자 색출과 세금 징수 등을 효과적으로 시행하기 위해 다섯 집을 한 통으로 묶은 오가작통법(五家作統法)은 백성의 삶을 규제했다. 민가를 몇 개씩 묶어 한 통(統)으로 편제한 작통(作統)은 조선 말엽 천주교와 동학을 금지하고 교도(敎徒)를 색출하는 데도 활용됐다.

요즘도 색출은 용의자를 어떻게든 찾아내려 할 때 쓴다. 탈세 수법이 고도화되자 국세청에서는 의심 세력을 색출하는 시스템을 마련하고, 비리를 저지른 기관 책임자는 반성은커녕 문서 유출한 내부자를 색출하려 혈안이 되고, 누리꾼들은 고의로 병역을 기피하고 특혜만 누리는 유명인을 색출하며, 정보기관은 신분을 숨긴 채 암약하고 있을지도 모를 간첩을 색출하려 애쓴다.

우리말 사전

○ **물색(物色)** 어떤 기준으로 거기에 알맞은 사람이나 물건, 장소를 고르는 일.
○ **검색(檢索)** 단서나 증거를 찾기 위하여 살펴 조사함.
○ **수색(搜索)** 어떤 물건을 뒤져 살펴봄.
○ **색출(索出)** 샅샅이 뒤져서 찾아냄.

올림픽 메달은 '석권'이고
글로벌 시장은 '장악'이다

석권하다, 장악하다

석권하다 ←─ 다른말 ─→ 장악하다

◆ **석권하다**

"1~3위를 모두 현대차·기아의 전용 전기차가 <u>석권한</u> 셈이다." (매일

경제 2024.2.)

한나라 유방과 초나라 항우가 세력을 다툴 때의 일이다. 위표
는 위나라를 정복한 뒤, 항우로부터 위왕에 임명됐다. 그러나 유
방이 군대를 거느리고 쳐들어오자 단번에 태도를 바꿨고 유방의
편이 되어 항우의 군사에 맞서 싸웠다. 그러다가 유방의 힘이 약

해지자 다시 항우의 편에 섰다. 분노한 유방은 위표를 붙잡아 죽였다.

그 무렵 팽월이 유방의 편이 되어서 항우의 군대를 괴롭히곤 했다. 유방은 그 공적을 인정해 팽월을 양왕으로 삼았다. 그렇지만 5년 뒤 유방이 반란군을 제압하기 위해 도움을 부탁했을 때는 듣지 않았다. 유방은 괘씸한 마음에 팽월을 잡아 죽였다.

역사가 사마천은《사기》에서 두 사람에 대해 이렇게 적었다.

위표와 팽월은 낮은 신분으로 태어나 천 리 땅을 석권하며 명성이 날로 높아졌다. 하지만 두 사람은 반란의 뜻을 품다가 결국 잡혀 죽었다.

이 고사에 등장하는 '석권(席卷)'은 본래 '자리를 돌돌 말음'이라는 뜻이다. '자리'는 사람이 앉거나 눕기 위해 바닥에 까는 물건으로, 돌돌 말아 보관한다. 펼쳐져 있던 자리를 돌돌 마는 건 비교적 쉬운 일이다. 사마천은 이에 착안하여 석권을 원하는 걸 쉽게 차지한다는 뜻으로 썼다. 이에 연유해 '석권하다'라는 말은 어떤 목표를 쉽게 차지하거나 완전히 자신의 세력범위 안에 넣었을 때 사용한다.

오늘날에는 주로 운동경기·경연대회·학교 시험 등에서 여러 차례 우승하거나 일등을 차지한 사람에게 석권하다라는 표현을 쓴다. 예컨대 미국 육상 영웅 제시 오웬스는 1936년 베를린올림픽에서 1백미터·2백미터·4백미터 계주·멀리뛰기를 석권했고, 미국 골퍼 보비 존스는 1930년에 브리티시 아마추어 선수권 대회를 비롯해 세계 대회 네 개를 모두 석권함으로써 '그랜드 슬램(grand slam)'이란 신조어를 만들어냈다. 그랜드 슬램은 원래 카드놀이에서 완벽히 이긴 승리를 일컬었으나 이때부터 테니스·골프에서 '한 해에 4대 주요 대회 모두 차지함'을 이르는 말로 쓰이게 됐다.

석권은 잇달아 차지하는 기세를 나타내므로 모든 분야에서 그런 면모를 강조할 때 쓴다. 한때 동학군은 파죽지세로 인근 고을을 차례로 석권했고, 화투가 수입된 19세기 말까지 도박계를 석권한 건 투전이었으며, 오늘날 세계적으로 인기있는 가수는 팬들의 성원에 힘입어 여러 나라의 음원 시장을 석권하고, 품질 좋은 상품을 가진 기업들은 세계 시장을 석권하고자 노력하고 있다.

◆ 장악하다

"글로벌 태양광 시장을 <u>장악</u>하고 있는 중국이 패권 경쟁 대상인 미국에서도 태양광 굴기에 나서고 있다." (헤럴드경제 2024.2.)

이에 비해 '장악(掌握)'은 손바닥 장(掌), 쥘 악(握)이라는 음훈 그대로 손안에 넣고 잡아 쥔다는 뜻으로, 무엇을 마음대로 할 수 있게 됨을 이르는 말이다.

임진왜란 때 전국 대부분 지역을 장악한 왜군들은 각처에서 분탕질을 자행했고, 일제강점기 조선 총독은 국정에 대한 모든 권한을 장악한 채 식민지를 마음껏 요리했으며, 일제강점기 충무로 일대는 일본인이 상점을 장악한 데 비해 조선인은 종로 상권을 장악했다.

'장악'은 주로 손에 쥔 권력을 나타내지만 다른 분야에도 종종 쓰인다. 웬만한 대학 도서관은 이른바 공시족들이 장악한 지 오래고, 식품업계에서는 오랜 세월 소비자로부터 사랑받아온 식품들이 계속 시장을 장악하고, 영화는 화제를 낳은 작품이 극장계를 장악하고, 의류는 세계적 브랜드가 패션업계를 장악하고 있다. 이때의 '장악'은 자기 뜻대로 영향력을 발휘할 수 있음을 의미하므로 시장을 장악한 주요 기업끼리 짬짜미해 값을 조정하거나 명품업체가 일방적으로 가격을 인상하곤 한다.

우리말 사전

○ **석권(席卷)** 빠른 기세로 영토를 휩쓸거나 세력 범위를 넓힘을 이르는 말.
○ **장악(掌握)** 무엇을 마음대로 할 수 있게 됨을 이르는 말.

가장 격이 높은 회담은 무엇일까?

영수회담, 정상회담

영수회담 ◀── 다른 말 ──▶ 정상회담

◆ **영수회담**

"추석 밥상머리서 사라진 '정치'…여야는 **영수회담** 신경전" (경향신문

2023.10.)

영수회담(領袖會談)은 한 나라에서 여당과 야당의 총재들의 회담

을 이르는 말이다. '영수(領袖)'라는 낱말이 무슨 뜻이기에 그럴까?

한자에서 옷깃 령(領)이라는 글자는 인체와 관계있으며 그 뜻은

'목'이다. 즉, 의복 중에서 목을 싸는 옷깃 부분이 영(領)이다. 아무

리 좋은 옷을 입었어도 옷깃을 제대로 여미지 않으면 바른 옷차림이 아니기에 '옷깃을 여미다'라는 관용어가 생겼다. 엄숙한 마음으로 옷을 가지런하게 하여 자세를 바로잡음을 나타낸 말이다.

불가에는 '옷깃만 스쳐도 인연'이라는 말이 있는데 인간의 사소한 만남도 전생의 인연에서 비롯된다는 뜻이며, 살면서 겪게 되는 사람들과의 만남을 소중하게 여겨야 한다는 말이다. 그런데 옷깃은 목 부분이므로 그곳이 서로 닿았다면 사실 매우 가깝게 스친 것이라 볼 수 있으니 인연은 인연인 셈이다. 그만큼 옷깃은 옷에서 매우 중요한 부분이다.

또한 소매 수(袖)라는 글자는 옷 중에서 가장 자유롭게 출입할 수 있는 부분이라는 뜻으로 '소매'를 가리킨다. 소매 역시 매우 중요한 기능을 한다. 옛날 옷에는 호주머니가 없었으므로 중요한 물건은 모두 소매에 간직했다. 평소에는 소매로 손목 부분을 보호하고, 웬만해서는 소매를 걷지 않았다. 뭔가 작정하고 나설 때만 소매를 걷었기에 어떤 일에 아주 적극적인 태도를 취할 때 '소매를 걷어붙이다'라는 관용어를 썼다.

이처럼 옷깃(領)과 소매(袖)는 옷 중에서 눈에 가장 잘 띄는 곳이자 중요한 두 부분인바, 영수라는 말은 사람에게도 적용돼 여러 사람 중에서 눈에 띄는 존재, 핵심적인 위치에 있는 사람, 즉 '지도자'를 가리키게 됐다. 그래서 영수회담은 지도자끼리 갖는 회담을 뜻하는 말로 쓰이는데, 일반적으로 대통령과 야당(野黨) 총재 간의 회담을 지칭한다. 여기서 영수는 여러 사람 중의 우두머리를 의미한다.

◆ **정상회담**

"<u>정상회담</u>이나 국제회의 건배주의 경우 유명 와인을 쓰기도 하지만 자국 전통주를 이용하는 일도 잦다." (한국경제 2010.10.)

영수회담이 한 국가 내의 지도자 대 지도자 간의 회담이라면 '정상회담(頂上會談)'은 나라 대 나라의 회담이다.

'정상회담'은 국가의 최고정치책임자들이 행하는 회담을 이르는 말이며 '거두회담(巨頭會談)'·'수뇌회담(首腦會談)'이라고도 한다. 외교를 실무자들에게만 맡기지 않고, 대통령이나 수상 등 최고책임자들이 회동하는 데서 정상회담이라는 말이 나왔다.

정상회담은 제2차 세계대전 당시 연합국이 전쟁 수행상의 협력관계를 강화하기 위해서 마련했다. 1941년 8월 미국 대통령 루스벨트와 영국 총리 처칠이 대서양의 버뮤다에서 정상회담을 가진 다음 '대서양헌장'을 서명 발표한 일을 비롯해, 1942년 11월 미국·영국·중국 세 거두의 카이로회담과 1945년 2월 미국·영국·소련 수뇌의 얄타회담, 1945년 7월 미국·영국·소련 세 거두의 포츠담회담 등은 제2차대전 중에 이루어진 정상회담으로 유명하다. 이후 1959년 9월 미국·소련 수뇌 간의 캠프 데이비드 회담을 비롯하여, 수많은 정상회담이 빈번하게 열렸으며, 국제정치의 동향은 정상회담 성과에 크게 좌우되기에 이르렀다. 이를테면 서방 일곱 개 선진 공업국의 연례 경제 정상회담인 'G7'은 세계의 부(富)와 무역을 지배하고 있다.

 우리말 사전

○ **영수회담(領袖會談)** (특정세력의) 지도자끼리 갖는 회담. 대통령과 야당 총재 간의 회담.
○ **정상회담(頂上會談)** 두 나라 이상의 우두머리가 모여 하는 회담.

중국의 '춘추전국시대'는
역사의 '황금시대'였다

영웅시대, 황금시대, 춘추전국시대

영웅시대 ←— 다른말 —→ **황금시대** ←— 다른말 —→ **춘추전국시대**

◆ **영웅시대**

"고대 아일랜드의 게일어 문학에서, 얼스터족의 <u>영웅시대</u>를 다룬
설화를 얼스터(Ulster) 전설이라고 한다."

각 민족의 여명기에는 대부분 영웅적인 서사시가 있다. 이런
영웅적 서사시의 배경이 되는 시대를 문학사적으로는 '영웅시대
(英雄時代)'라고 부르는데, 특히 호머가 서사시의 배경으로 삼았던
시대를 영웅시대의 대표로 여기고 있다.

고대 그리스 작가 헤시오도스는 청동시대와 철기시대 중간에 영웅시대가 있었다고 주장했다. 영웅시대는 영웅서사시가 성립된 시대로써 많은 영웅이 뛰어난 활약을 보였다고 말했다. 그리스인은 스스로 철기시대에 살고 있다고 생각한 바, 영웅시대는 그리스 신화 시대를 의미하기도 한다.

현재는 엘리트 중심주의적 역사관을 주장하는 사람들이나 절대적 카리스마를 지닌 영웅에 의해 이끌어지는 시대를 갈망하는 마음가짐을 향한 비난을 은유적으로 표현하기 위해 영웅시대라는 말을 종종 쓰고 있다. 〈슈퍼맨〉이나 〈배트맨〉 같은 히어로물의 주인공들이 바로 영웅시대에 대한 갈망을 담고 있다고 볼 수 있다.

◆ **황금시대**

"거침없는 마린보이 키즈…한국수영 **황금시대** 활짝" (중앙일보 2024.2)

단순히 문학사적인 시대일 뿐만 아니라 인류의 보편적인 역사 단계로써의 영웅시대도 있는데, 역사학자들은 이 시대를 '원시사회에서 국가 계급사회로의 과도기'라고 규정하고 있다.

헤시오도스는 〈일과 나날〉에서 원시시대를 '황금시대', '은시대', '청동시대', '철시대'와 같이 금속 이름을 빌려 네 단계로 하락하는 역사관을 표현했다. 여기서 황금시대는 사회 진보가 최고조에 이르러 행복과 평화가 가득 찬 시대를 의미하며, 이에 연유하여 오늘날에는 문화권이나 일생에서 가장 번영한 시기를 가리키는 말로 쓰인다.

다시 말해, 황금시대는 사회에 온갖 문물과 제도가 모두 정돈되어 어떤 일에도 결함이 없다고 상상되는 시대이기에, 어떤 분야에서 최고조에 이른 전성시대를 비유하는 말로 많이 쓴다. 외국 기업들의 황금시대, 한국 축구의 황금세대, 블루칼라 황금세대, 생명과학 황금세대 등등이 그렇다. 이뿐만 아니라 사람에게도 적용해 자신의 인생 중 가장 좋았던 시절을 황금시대라고 말하기도 한다.

하긴 사람에게는 **황금시대**란 게 있다. 사람들이 말하는 '옛날엔 나도….' 할 때의 옛날이 그에게도 있다. (최인훈, 〈구운몽〉)

◆ 춘추전국시대

"바야흐로 예능 **춘추전국시대**가 도래했다. '절대적 1인자'의 군림 대신 수많은 스타들이 활약하며 지각변동을 일으켰다." (조이뉴스24 2024.1.)

절대 강자가 다른 세력을 압도하는 시대가 영웅시대라면, '춘추전국시대(春秋戰國時代)'는 절대 강자가 존재하지 않는 비등한 대립

시대를 일컫는 용어다.

춘추전국시대는 기원전 8세기에서 기원전 3세기에 이르는 중국 고대의 변혁 시기를 일컫는다. 봉건제도가 해체되고 중앙집권적 통치체제가 형성되는 과도기적 시대로써, 농업생산력 증대와 교환경제 발달과 더불어 청동 화폐가 유통되는 등 상당히 안정된 경제 체제를 갖추었다. 이 무렵 중국은 절대 강자가 없는 경쟁 시대였으며, 다시 세분해 춘추시대와 전국시대로 구분하기도 한다.

춘추시대는 그야말로 제후의 시대였는데, 이 시기에 무려 100여 나라가 세워지고 사라졌다. 춘추시대에 조각조각 분열되었던 중국은 전국시대에 이르러서 한(韓), 위(魏) 조(趙), 제(齊)의 네 개 신흥국과 진(秦), 초(楚), 연(燕)의 세 개 소국으로 축소되었다. 이 7국을 '전국 7웅'이라고 한다. 여기서 전국이라는 이름은 이 시기 역사를 다룬 고대 역사서《전국책(戰國策)》에서 유래됐다.

전국시대는 중국 역사상 가장 번성하고 후대에 많은 영향을 끼친 시대 중의 하나이다. 이 무렵 맹자(孟子), 순자(筍子)를 비롯하여 수많은 사상가가 등장했고, 이후 2천 년 동안 중국을 특징짓는 정부 구조와 문화 양식이 형성됐다. 또한 이 시기에 뛰어난 재사(才士)들이 유세객으로 활약했으며, 수많은 전략·정책들이 발표되었다.

이에 유래하여 오늘날 춘추전국시대라고 하면 '도토리 키 재기' 격의 경쟁 시대 또는 비슷한 실력자들이 대등한 경쟁을 벌이는 열띤 상황을 뜻하게 되었다. 격투기가 인기를 끌자 여러 강자가 한

꺼번에 등장해 춘추전국시대를 맞이했고, 국내 전기차 충전 시장
은 춘추전국시대에 돌입했으며, 절대 강자가 없는 남자 테니스는
한동안 춘추전국시대에 접어들 가능성이 높다.

 우리말 사전

○ **영웅시대(英雄時代)** 영웅들이 활약하여 역사를 주도한 시대.

○ **황금시대(黃金時代)** (사회적 문화권이나 개인적 일생에서) 가장 번영한 시기.

○ **춘추전국시대(春秋戰國時代)** 절대 강자가 없어 우열을 가리기 힘든 경쟁 시대.

부동산 '중계업소'가
없는 이유

중개, 중계

중개 ← 다른 말 → 중계

◆ 중개

"불법 <u>중개</u> 근절…전북자치도 특사경, 부동산 50곳 점검" (뉴시스 2024.2.)

'중개(仲介)'는 제삼자로서 두 당사자 사이에서 어떤 일을 주선하는 일을 뜻하는 말이다. 버금 중(仲) 자는 가운데라는 뜻도 지니고 있으며, 끼일 개(介) 자는 사이에 끼어 있음을 나타낸다.

요즘은 토지나 건물을 사고팔 사람에게 가운데에서 연결해 주는 곳을 '공인중개소(公認仲介所)'라고 하지만, 예전에는 '복덕방(福德房)'이라고 말했다. 복덕방이 부동산 중개업소 구실을 하게 된 데에는 하늘과 인간의 일을 주선하는 중개의 상징이 크게 작용했다.

전통적으로 우리 사회에는 정월 보름에 사람들이 당산나무 앞에 모여 마을신(洞神)에게 고사를 지낸 뒤 음식을 나눠 먹는 음복(飮福) 풍속이 있었다. 신령에게 맛있는 음식과 공손한 인사로 정성을 나타내면 그 뜻이 하늘에 전달되고, 신은 음식으로 음덕(陰德)을 베푼다고 믿었으며, 이처럼 복과 덕이 음식으로 중개되는 신성한 장소를 복덕방이라고 부른 것이다.

다시 말해 복덕방은 복스러운 덕이 음식으로 중개되는 상징적인 장소였다. 이런 믿음을 바탕으로 집이나 땅을 사거나 파는 일도 행해졌기에 자연스럽게 복덕방이 부동산 중개업소 역할을 하게 된 것이다.

무슨 일이든 중개는 신뢰를 바탕으로 한다. 그러하기에 결혼할 배우자를 찾는 남녀를 연결해 주는 결혼 중개업소나 구인·구직자를 연결해 주는 직업 중개업소는 신뢰할 만해야 사업이 된다. 부동산 중개업소가 보증보험을 강조하고, 정부가 결혼 중개업법을 개정해 결혼에 앞서 양 당사자 간의 신상 정보 제공을 의무화한 이유도 신뢰에 있다.

◆ 중계

"야구도 축구도 '중계 유료화' 팬들에겐 득일까, 독일까?" (노컷뉴스

2024.2.)

'중계(中繼)는' 음훈 그대로 중간에서 이어 준다는 뜻이다. 방송국이 경기장, 국회, 사건 현장 등 방송국 밖에서의 실황을 중간에서 연결하여 방송하는 일은 중계방송이라 하고, 전화가 발명된 초창기에는 교환원이 중간에서 통화 당사자들을 중계 연결해 줬다.

이외에도 오늘날에는 다양한 분야에서 중계가 이뤄지고 있다. 이른바 '웹캠족'은 인터넷을 통해 자기 모습을 전 세계에 실시간 중계하고, 지방에서 명물 잔치가 벌어지면 리포터가 그 모습을 중계하며, 인체의 경우 사람 두뇌에는 시각과 청각을 중계하는 신경핵이 있다.

중계 역사상 인류 최고라 할 수 있는 일은 1969년 7월 20일 아폴로 11호의 달 착륙 장면이다. 전 세계 사람들이 숨죽이며 중계 방송을 지켜볼 때 닐 암스트롱은 인류 최초로 달 표면에 발을 디디며 다음과 같이 말했다. "한 사람에게는 작은 발걸음이지만, 인류에게는 위대한 도약입니다."

이 생중계를 본 대다수는 환상적이고 낭만적으로 바라보던 달을 개척할 수 있는 공간으로 생각하게 됐고, 일부는 한 걸음 더 나아가 우주 과학자가 됐다. 중계 화면이 엄청난 변화를 일으킨 것

이며, 지금도 화제가 되는 일은 대부분 방송으로 중계된다.

 우리말 사전

○ **중개(仲介)** 제삼자로서 두 당사자 사이에서 일을 주선함.
○ **중계(中繼)** 가운데에서 이어 줌.

'지일파'라고 해서
'친일파'인 것은 아니다

친일파, 부일배, 토착왜구, 지일파

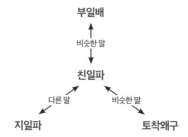

부일배

↑

비슷한 말

↓

친일파

다른 말 ↙ ↘ 비슷한 말

지일파   토착왜구

◆ **친일파**

"해방 뒤에도 '일제시대가 좋았다'…확신형 **친일파**" (한겨레신문 2024.1.)

　조선 정부가 1880년 5월 일본 정부의 개화 정책을 알아보고자 김홍집 일행을 수신사로 파견했을 때, 그리고 임오군란 이후 공식 사과를 위해 김옥균 일행을 파견했을 때도 일본은 그들을 정중히 맞이하고 잘 대접했다. 조선의 개혁 정치가들을 잘 대접하여 친일 성향으로 만들기 위함이었다.

일본을 다녀온 김홍집, 김옥균 등은 발전된 모습에 충격을 받고 하루빨리 조선을 근대화시켜야겠다는 열망을 품었다. 김옥균은 박영효, 서광범 등과 함께 개화당을 조직해 개혁을 꾀했다. 이들 신진 세력은 독립당 혹은 개화독립당이라고도 불렸다.

동시에 이 개화파에게는 '친일파(親日派)'라는 수식어가 따라붙었다. 이때의 친일은 개인적으로 가진 일본에 대한 친밀함이 아니라 정치적 의미가 강했다. 다시 말해 1884년 갑신정변 이전의 친일파는 청나라로부터의 자주독립을 위해 이이제이(以夷制夷, 오랑캐로 오랑캐를 다스림) 차원에서 일본의 힘을 빌리려 한 사람들이었다.

그러나 20세기에 들어서며 친일파에 대한 의미가 달라졌다. 이 무렵 친일파는 동아시아 각국을 침탈하는 일본 제국의 정책을 지지하고 추종하며 적극적으로 협력했다. 이들은 개인적 출세 욕망을 지닌 매국노였다는 점에서, 나라 발전을 추구했던 20세기 이전의 친일파와 차이가 크다.

1905년 을사늑약을 전후해 일본에 적극적으로 협력한 이완용, 송병준 등은 전적으로 자기의 이익만을 위해 조국을 배신했고, 오히려 일본으로부터 주권 침탈을 도운 공로를 인정받아 작위를 받았다.

◆ 부일배

"그 자리에서 82세의 **부일배** 민병석 자작이 조선총독에게 감사의
인사를 올렸고" (한국일보 2016.10.)

일제강점기 일본에 자발적으로 협력하여 이익을 취한 매국노
들을 '부일배(附日輩)'라고 불렀는데, 부일은 '일본에 빌붙음'이란 뜻
이며, 스스로 나서서 적극 도왔다는 의미를 담고 있다. 광복 후 민
족반역자를 처벌하기 위해 특별법을 제정했을 때 '부일협력자'라
는 표현을 썼다.

1966년 역사학자 임종국이 《친일문학론》을 펴내면서 친일파라
는 말이 더 널리 퍼졌다. 당시는 친일파 후손들이 여전히 기득권
을 쥐고 있었던 상황이었기에 일본과 친한 무리라는 뜻으로 완화
시킨 용어였지만, 이후 대중들에게는 부일배보다 친일파라는 용
어가 더 익숙해졌다. 하여 반민족 행위자의 행태를 명확히 표현할
때 친일과 부일을 더불어 쓰기도 한다.

"친일 **부일배** 소탕 및 일본군 시설 파괴를 목적으로 활동하던 중
일경의 총에 맞아 부상했고…" (쿠키뉴스 2019.10.27.)

◆ 토착왜구

"'일본과 잘 지내자'는 주장을 하는 사람을 **토착왜구**로 낙인찍는
일이 많아지고 있다." (주간동아 2020.3.)

근자에 들어서는 '토착왜구(土着倭寇)'라는 말이 종종 쓰이고 있
다. '대대로 그 땅에서 살아옴'을 뜻하는 토착에 전근대 일본의 해
적을 가리키는 왜구가 합쳐진 말로, 한국에서 일본 편을 드는 친
일파를 가리키는 낮춤말로 쓴다.

왜구라는 한자 자체는 고구려 광개토태왕비문에서 '왜구신라
(倭寇新羅)'라는 표현으로 처음 등장하는데, 여기서 구(寇) 자는 때
지어 침략하다는 뜻의 동사로 쓰였다. 이후 일본 해적이 수백 차
례 침략해 온 고려 말엽에 왜구는 일본 해적을 가리키는 고유명사
가 됐다.

'토왜(土倭)'라는 낱말은 1908년 4월 5일자 《대한매일신보》에 처
음 보인다.

"역병의 기운이 모여 일진회(一進會)가 나타나 일본의 혼백으로 옷
을 바꿔 입으니 **토왜**(土倭)라 불리기를 면하기 어렵다."

그 뒤 항일 유학자 이태현의 유고 산문집 《정암사고(精菴私稿)》
에 '친일부역자'란 뜻으로 토왜가 등장했고, 근래의 토착왜구는 한

국을 혐오하거나 일제를 미화하고, 일본의 입장을 옹호하는 한국인을 경멸하는 표현으로써 사용되고 있다.

◆ **지일파**

"中 신임 주일대사로 우장하오 발탁…**지일파** 임명 기조 이어간다." (뉴스1 2023.2.)

지지나 반대에 상관없이 일본을 잘 아는 사람을 가리킬 때는 '지일파(知日派)'라는 말을 쓴다. 일본의 정치, 경제, 문화, 역사 등 각 분야에 걸쳐 풍부한 지식과 경험을 가진 외국인이 곧 지일파이다.

일본 정부는 오래전부터 장학금 유학생을 적극적으로 유치하고 한편으로 주요 대학 교수나 학자들에게 연구 자금을 대면서 세계 각국에 지일파를 양성해 오고 있다. 그 노력은 장차 자국에 도움이 되는 까닭이며, 몇몇 언론 기사에서 그런 상황을 엿볼 수 있다.

- "친일·**지일파** 교수를 떠받치는 건 일본의 돈!" (KBS뉴스 2021.4.)
- "日 언론 '**지일파**' 이낙연, 韓 여당대표에 한일관계 개선 역할 기대" (동아일보 2020.8.)
- "윤덕민 주일대사 지명에 日 언론 '언어 능통한 **지일파**' 반색" (뉴스1 2022.6.)

이처럼 용어는 단순한 낱말 이상의 힘을 가지고 있다. 그 의미를 제대로 전달할 경우 더욱 그렇다. 그러므로 되도록 상황에 맞게 구분해서 사용함이 바람직하다.

일본을 잘 아는 사람에게는 지일파, 일본인이나 일본 문화에 친근감을 가진 사람에게는 친일파, 일본을 추종하거나 일본에 협력하는 무리에게는 부일배나 토착왜구, 조금 더 덧붙여 겉으로 지일파라고 주장하며 속으로 부일하는 사람은 '교활한 매국노'라고 해야 마땅하다.

 우리말 사전

○ **친일파(親日派)** 일본과 친하게 지내는 무리.
○ **부일배(附日輩)** 일본 제국주의를 따르며 적극적으로 협력하는 무리.
○ **토착왜구(土着倭寇)** 한국에서 일본 편을 들며 반역행위를 하는 자.
○ **지일파(知日派)** 일본에 대해 잘 아는 사람.

너무 '떡차게' 일을 하면
'임계점'에 다다른다

한계 상황, 임계점, 떡차다

임계점 ◀──관련된 말──▶ 한계 상황 ◀──관련된 말──▶ 떡차다

◆ **한계 상황**

"고금리 부담이 누적되면서 <u>한계 상황</u>에 몰리는 중소기업이 발생할 가능성도 커지고 있기 때문이다." (세계일보 2024.2.)

'한계 상황(限界狀況)'은 독일 실존주의 철학자 칼 야스퍼스의 철학에서 중요한 위치를 차지하는 사상이다. 우리 인생에서 대부분 생활은 자신이 만들거나 바꿀 수 있으나, 여러 상황 중에는 변화시킬 수도 피할 수도 없는 벽처럼 우리 앞을 가로막는 상황이 있

다. 예를 들어 죽음, 고뇌, 고통, 책망, 다툼, 죄책감 등이 바로 그렇다. 한계 상황은 우리들의 존재를 한계 짓는 궁극적인 상황을 가리키며, 그런 극한 상황의 경험은 우리를 고독과 절망으로 몰아넣는다.

야스퍼스에 따르면 사람은 극한적 장면을 통해 자신의 실존을 깨닫게 되고, 이를 회피하지 않고 받아들여 사랑과 초월자에 대한 신앙을 갖게 될 때 세계의 구속에서 벗어나 참다운 자기 자신이 된다고 한다. 야스퍼스를 비롯한 실존주의에서는 인간은 본질적으로 고독하고 절망적인 한계 상황에 처해 있다고 주장한다.

요컨대 한계 상황은 불가피하게 그것에 직면할 수밖에 없는 상황을 의미하는 철학 용어이지만, 사회적으로 '극한 상황'을 표현할 때도 자주 쓰인다.

이를테면 수요의 불균형을 표현할 때 "폭발적인 수요에 공급이 한계 상황에 다다랐다"라고 쓰기도 하고, 예산 편성 및 운용의 어려움을 나타낼 경우 "복지 예산의 운용이 한계 상황에 이르렀다"와 같이 쓰기도 한다. 이밖에 '사립대 재정난 한계 상황', '지방 건설사 자금 한계 상황' 따위처럼 위험한 상태를 표현할 때도 쓴다.

그런가 하면 '한계 상황'은 스스로 대비하게끔 만드는 심리적 저항선이기도 하므로 문용린은 《최고의 유산》에서 다음과 같이 말했다.

자기 성찰력이 뛰어난 아이는 스스로 <u>한계 상황</u>을 잘 알기 때문에 감정적으로 상처받거나 좌절하지 않는다.

◆ 임계점

"미래대연합 출범…기득권 정치 불신, <u>임계점</u> 넘어" (아이뉴스24 2024.1.)

한계 상황이 곧 접할지 모를 절박한 상황을 강조한 말이라면, '임계점(臨界點)'은 급격히 변하게 되는 상황을 강조한 말이다.

임계점은 과학 용어로 '물질의 구조와 성질이 다른 상태로 바뀔 때의 온도 및 압력'을 뜻한다. 물이 끓어 액체에서 기체로 변하기 시작하는 100도가 임계점이다. 세상의 모든 물질에는 이러한 임계점이 있고, 지구에는 다양한 임계점이 존재한다.

무분별한 벌채는 적은 비에도 산사태를 일으키고, 큰 홍수나 가뭄은 지형을 바꿔 놓는 등 임계점은 큰 변화를 낳는 기점이다. 바꿔 말해 임계점은 돌이킬 수 없는 변화를 나타내는 말이다. 또한 그런 관점에서 임계점은 정도(程度)의 경계선을 넘어설 위험을 강조할 때 많이 쓴다.

• "방제 <u>임계점</u> 넘어섰다. 소나무재선충 3차 공습 현실로" (국민일보 2024.1.)

- "되돌릴 수 없는 **임계점**에 근접…기후 변화 시그널을 살펴보니…" (SBS뉴스 2024.1.)

- "중국·필리핀, 남중국해서 또 '쾅'…'영유권 갈등' **임계치** 한계 상황" (경향신문 2024.2.)

임계점은 심리 용어로도 쓰이는데 보이지 않는 벽이 느껴지는 무척 힘든 상황에서의 감정을 의미한다. 느긋한 성격을 지닌 사람은 여간해서 임계점을 느끼지 못하지만, 책임감 강한 사람은 본인의 상태를 모르고 어느 날 임계점에서 터질 가능성이 높다고 한다.

◆ 멱차다

"도내 저수지 평균을 따지면 97.7%로 **멱차다**." (금강일보 2018.4.26.)

한계 상황이나 임계점에 비할 만한 우리말로는 '멱차다'가 있는데, 목의 앞쪽을 이르는 '멱'에 가득하게 되다는 의미의 '차다'를 더한 말이다. '숨이 멱에까지 차다'란 뜻이며 비유하여 더할 수 없는 끝에 이르렀을 때 멱차다고 말한다. 보통 다음과 같은 형태로 흔히 쓴다.

너무 **멱차게** 일을 맡지는 마라.

숨쉬기가 먹차면 더 이상 물속에 있을 수 없고, 달리기를 쉬지 않고 계속하면 숨쉬기 먹차고, 동시에 하는 일이 너무 많으면 먹차서 정신 차리기가 힘들다.

 우리말 사전

- ○ **한계 상황 (限界 狀況)** 상황 인간이 피하거나 변화시킬 수 없는 상황.
- ○ **임계점(臨界點)** 돌이킬 수 없는 큰 변화를 낳는 기점.
- ○ **먹차다** 더 이상 할 수 없는 한도에 이르다.

일본어 '담합' 대신
쓸 수 있는 말

수작, 짬짜미, 야합

짬짜미 ◀── 다른말 ──▶ 수작 ◀── 다른말 ──▶ 야합

◆ 수작

"안에서 하는 <u>수작</u>을 들었던 길례 아범의 말투가 고울 리 없었다."

(한수산,《유민》)

'수작(酬酌)'은 원래 술잔을 서로 주고받는 것을 의미하였다. 갚을 수(酬) 자는 권한다는 뜻을 나타내고, 따를 작(酌) 자는 잔을 나타낸다. 그러므로 수작은 술을 권하며 잔에 따라 주는 일을 의미했다.

수작 문화는 삼국 시대 신라 화랑들이 한 솥에 끓인 차를 나눠 마시면서 공생공사를 다진 차례에서 비롯되었다는 설이 있다. 그렇지만 술을 마시며 대화하는 일이 많았기에 수작은 술잔을 주고받음을 뜻하다가 조선 시대 들어 말을 서로 주고받는 것이란 뜻으로 통했다.

18세기에 여인들의 가체 사용 금지에 관한 사항들을 규정한 책 《가체수금사목(加髢申禁事目)》에는 '신이 또 이 일로써 대신에게 수작한 바 있사오니'라고 쓴 사례가 있는데 '내가 또한 이 일로써 대신에게 말한 바 있사오니'라는 뜻이다. 이렇듯 이때까지는 수작에 부정적인 뜻이 없었다.

하지만 20세기 들어 수작은 남의 말이나 행동을 업신여기는 말로 쓰였으니 개화기 소설 《목단화》에 "내가 누구라고 내 앞에서 그런 서투른 수작을 부치오?"라는 대목이 나온다. 이후 '수작질', '수작 부리다' 따위처럼 부정적으로 쓰였다.

이런 변화는 흔히 술좌석에서 사람들이 은근한 말을 주고받거나, 또는 술좌석에서 한 말이 허풍으로 끝나거나 실속 없는 데로부터 비롯된 일이다.

"네가 지금 하는 <u>수작</u>을 보니 기가 차다 못해 부아통이 치미는구나." (홍성원, 《육이오》)

◆ 짬짜미

"아내의 밤늦게 돌아오는 그 일에 분명 노파와의 **짬짜미**가 있으리
라." (현덕,《남생이》)

수작이 남의 말이나 행동을 하찮고 좋지 않은 것으로 여겨 이
르는 말이라면, '짬짜미'는 남모르게 자기들끼리만 짜고 하는 약속
을 뜻하는 우리말이다. 짬짜미의 어원은 어떤 목적을 위해 사람들
을 조직한다는 의미의 '짜다'인데, 계몽기 소설집《선대》에 다음과
같은 문장이 보인다.

부산하게 밥을 차려 창길이를 주며 조카 한성기와 귀속**짬짜미**를
하다가 시간이 지나겠다고 재촉을 성화같이 한다.

불량배들은 짬짜미하여 누군가를 괴롭히고, 과점(寡占) 기업들
은 짬짜미하여 물품 가격을 동시에 인상하며, 건설업자들은 자기
들끼리 짜고 한 사람이 낙찰받도록 짬짜미 입찰하여 사회적으로
문제를 일으킨 바 있다.

비슷한 의미인 '담합'은 일본어 '단고우(談合, だんごう)'의 우리식
한자 발음이고, 입찰 가격을 미리 협정함을 뜻한다. 따라서 일본
어 담합 대신 순우리말 짬짜미를 씀이 바람직하다.

한편, 짬짜미와 발음은 같으나 표기가 다른 '짬짬이'는 '짬이 나

는 대로 그때그때'를 나타내는 부사이므로 혼동하지 않도록 주의해야 한다.

◆ 야합

"지주와 자본가는 기성세력에 <u>야합</u>하여, 그들의 부력을 테러 단체에까지 사용하였다." (안회남, 《폭풍의 역사》)

그런가 하면 '야합(野合)'은 본래 부부 아닌 남녀가 서로 정을 통함을 가리키는 말이었다. 맹자(孟子)는 〈등공문 편〉에서 다음과 같이 말했다.

"부모 명령이나 중매인 말을 기다리지 않고 장애물을 잘라 서로 엿보고 울타리를 넘어 서로 상종하면, 부모나 남들은 이것을 천하게 여겼다."

여기에서 유래한 야합은 부모나 이웃으로부터 천시되는 비밀결혼, 성인 남녀가 남몰래 정을 통함을 이르는 말로 쓰였다. 중국의 성인 공자(孔子)는 야합으로 태어났다 하여 시비거리가 된 적 있고, 조선 시대에는 동네에서 두 남녀가 몰래 야합하다가 쫓겨난 일이 있었으며, 현대 작가 박완서는 《미망》에서 그런 의미로 야합을 썼다.

노총각 노처녀가 겨우 **야합**이나 면하려고 올리는 쓸쓸하고 구차한 혼례를 떠올리며 측은해 마지않았다.

그러나 이 말은 20세기 이후 공개적인 눈을 피해 이해에 따라 좋지 못한 목적으로 서로 어울림을 뜻하게 됐으며, 특히 정치적으로 비밀리에 약속하는 걸 의미하는 용어로 쓰였다. 작가 최인훈의 소설 《회색인》에서 그런 쓰임새를 확인할 수 있다.

학병이라는 특수 신분의 뿌리에는 한국의 봉건층과 일본 제국주의의 비열한 **야합**이 있었던 것이라고 매섭게 꾸짖었다.

 우리말 사전

○ **수작(酬酌)** 남의 말을 하찮고 좋지 않은 것으로 여겨 이르는 말.
○ **짬짜미** 남모르게 자기들끼리만 짜고 하는 약속이나 수작.
○ **야합(野合)** 좋지 못한 목적으로 서로 어울림.

'밀담'하며
'밀어'로 말하다

밀어, 밀담, 벽좌우

밀어 ←— 관련된 말 —→ **밀담** ←— 관련된 말 —→ **벽좌우**

◆ **밀어**

- "귀엣말로 뭔가 **밀어**를 나누고 있는 두 사람이 보였다."
- "두 남녀가 공원 벤치에서 사랑의 **밀어**를 속삭이고 있다."

같은 뜻의 말처럼 여겨지지만, 첫 번째 예문의 '밀어'는 남에게 들릴까 싶어 몰래 나누는 귀엣말이고, 두 번째 예문의 밀어는 애정이 담긴 달콤한 말이다.

왜냐하면 첫 밀어(密語)는 고요할 밀(密) 자를 쓴 남이 못 알아든

게 비밀히 하는 말이고, 그다음 밀어(蜜語)는 벌꿀 밀(蜜)을 쓴 꿀처럼 달콤한 말인 까닭이다.

일찍이 불교에서는 부처님이 진실을 속에 감추고 에두르거나 비유하여 설명한 진리를 밀어(密語)라고 했다. 또한 범문을 번역하지 않고 소리 그대로 외는 '다라니'를 밀어라고도 하는데 그 속에 진리가 들어있다는 믿음을 반영한 말이다.

요즘에는 특정한 사람에게 비밀스럽게 건네는 밀어(密語)보다 연인이 사랑을 속삭이는 밀어(蜜語)를 더 많이 쓰는 편이다. 한창 젊은 나이에는 이성과 사랑의 밀어를 나누는 일이 많으므로, 극작가 오혜령은 다음과 같은 문장을 썼다.

조그만 일에도 잘 토라지고 짜증을 발칵 내던 아가씨들도 사랑하는 이들에게 예전보다 훨씬 부드러운 가을의 **밀어**를 속삭이게 된다.

이외에도 2011년 중국 장쑤성 셰즈창 위생국장이 애인과 주고받는 글을 남들이 볼 수 있다는 사실을 까맣게 모른 채 웨이보를 통해 대담한 밀어를 주고받다가 들통나서 해임된 사례에서 재차 확인할 수 있듯, 밀어는 두 사람이 달콤하게 나누는 말이다.

◆ 밀담

"외삼촌 일행은 방문을 걸어 닫고 한나절씩이나 들어앉아서 자주 무엇인가를 의논하느라고 **밀담**을 나누었다." (윤흥길, 《장마》)

이에 비해 '밀담(密談)'은 두 사람 이상이 모여 다른 사람에게 들리지 않도록 조심하면서 서로 이야기하는 모습을 나타낸 말이다. 국회의사당에서 정치인들이 입을 가린 채 밀담 나누는 모습을 종종 볼 수 있고, 경기장에서 감독이 선수에게 뭔가 지시하고자 밀담 나누는 모습도 방송중계 카메라에 이따금 잡힌다.

문화부는 1996년 고시 자료를 통해 밀담 대신 될 수 있으면 순화한 용어 '비밀 이야기'를 쓰라고 권했다.

◆ 벽좌우

"재상 김속명이 가만히 밀조를 받아 가끔가끔 **벽좌우**를 하고 편전으로 드나들었다." (박종화, 《다정불심》)

밀담을 극명하게 나타낸 말이 있으니 바로 '벽좌우(辟左右)'다. 역사 영화나 방송극에서 국왕이 주위를 돌아보고 "모두 물리거라!"라고 말하면서 한 사람하고만 대화하는 경우가 있는데 그게 바로 벽좌우다. 임금(辟)이 좌우에 있는 사람들을 물리친다는 뜻이고, 누구든 물리칠 수 있는 권한을 쥔 자는 왕뿐이었다. 물러났던 국왕이 다시 왕위에 오름을 이르는 복벽(復辟), 어질고 명철한 임금을 의미하는 철벽(哲辟)에서 보듯, 임금 벽(辟) 자는 오직 임금에게만 쓸 수 있는 용어였다.

지금은 왕정 시대가 아니므로 벽좌우라는 말을 쓰지 않으나, 여전히 권력자는 특정한 사람과 밀담을 나누는 경우가 많다.

📖 **우리말 사전**

○ **밀어(密語)** 남이 못 알아듣게 비밀히 하는 말.
○ **밀어(蜜語)** 남녀 사이의 달콤하고 정다운 이야기.
○ **밀담(密談)** 남몰래 이야기함.
○ **벽좌우(辟左右)** 밀담을 하려고 곁에 있는 사람을 물리침.

제3장

배려할수록 품위가
올라가는 말이 있다

관계를 넓히는 단어

우리 아버지는 '가친', 남의 아버지는 '춘부장'

선대인, 선친, 가친, 춘부장, 자당

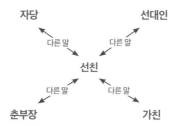

◆ **선대인과 선친**

- "조금 들어가서 <u>선대인</u>의 원수 갚을 도리를 말씀하여 드리겠습니다." (한용운, 《흑풍》)

- "<u>선친</u>께서 뜻한 바 있어 세우신 학교야 어쩔 수 없다만 정미소와 집은 차차 처분을 해야지." (김원일, 《불의 제전》)

예전에는 아버지와 어머니를 이르는 호칭을 상황에 따라 구별해서 썼다. 누군가 "부친의 함자는 어떻게 됩니까?"라고 물었을 경우 '함자(銜字)'는 살아 계신 어른의 이름을 높여 이르는 존칭이다. 재갈 함(銜)이라는 한자에서 짐작할 수 있듯, 어른의 이름을 함부로 부르지 말라는 뜻도 지니고 있다. 이름에 그 사람의 생명이 담겨 있다는 믿음에 따른 관습이다.

19세기경 민간에 전래하는 우스운 이야기를 집대성한 《고금소총(古今笑叢)》을 보면 아버지에 대한 다양한 호칭을 살펴볼 수 있다. 한 사람이 친구의 부친(父親)이 사망했다는 부고를 받고 평소 건강하신 분이 갑자기 돌아갔다는 사실이 믿기지 않아 혼잣말로 중얼거렸다.

"아직 연세도 많지 않은 분이 어찌 돌아가셨단 말인가?"

그는 부지런히 행장을 수습하여 빈소에서 조문하고, 상주인 친구에게 애도를 나타내느라 이렇게 말했다.

"선대인(先大人)께서는 기력이 좋으셨고 강건하셨으며 또한 관상으로 봐도 인중이 매우 길어 오래 장수하실 줄 알았는데, 무슨 나쁜 병을 얻어 이렇게 갑자기 돌아가셨는지 모르겠네그려."

이에 상주인 친구는 이렇게 대답했다.

"자네 말대로라면 부리가 길게 뻗은 백로는 인중이 기니 천 년을 살 수 있고, 인중이 짧은 토끼는 태어나자마자 곧 죽어야 할 것이로세. 선친(先親)께서는 병을 앓은 것이 아니라 처마 밑 외진 곳에서 용변을 보고 계셨는데, 그때 지붕에서 낡은 기왓장이 머리 위로 떨어지는 바람에 즉사하셨다네."

관상의 비과학성을 에둘러 언급한 우스갯소리이지만, 화자에 따라 '부친', '선대인', '선친'의 쓰임새가 달라지는 것을 잘 보여 주는 설화이기도 하다.

부친은 아버지를 정중히 이르는 보편적인 말이고, 선대인은 돌아가신 남의 아버지를 높여 이르는 호칭이며, 선친은 남에게 돌아가신 자기 아버지를 이르는 말이다. 고려 시대 최영 장군은 "선친께서 황금 보기를 돌같이 하라고 말씀하셨다"라고 말하면서 그 유언을 금과옥조(金科玉條)로 삼아 일생을 청렴하게 살았다.

◆ 가친과 춘부장

- "단단히 조처하시오. 그럼 나도 집으로 돌아가서 **가친**께 영감이 입궐하셨다고 말씀을 드리겠소." (박종화,《임진왜란》)
- "아가씨의 **춘부장** 존함은 누구시고 벼슬은 무슨 벼슬을 하셨소?" (박종화,《임진왜란》)

살아 계신 자기 아버지를 남에게 높여 말하는 존칭은 '가친(家親)'이고, 남의 아버지를 높여 말하는 호칭은 '춘부장(椿府丈)'이다. 춘부장은 참죽나무(椿)처럼 오래 사시라는 존칭이다. 황인경의 《소설 목민심서》와 최일남의 《거룩한 응달》에 그런 예가 보인다.

- "**가친**께서 겪으실 고초를 생각하오면 음식이 목에 넘어가지 않
  사옵니다."
- "오늘은 내가 자네 **춘부장** 체면을 봐서 참네만, 그따위로 입 놀
  리다가는 앞으로 재미없네."

◆ 자당

"선생님의 **자당**이라 하여 학부형들이 공손하게 인사를 하면 지금
도 어머니는 그저 부끄럽고 황송하여 얼굴이 벌게지곤 했다." (박경
리,《토지》)

그런가 하면 '모친(母親)'은 '어머니'를 정중히 이르는 말이다. 남
에게 자기 어머니를 높여 이르는 말은 '자친(慈親)', 남의 어머니를
언급할 때는 '자당(慈堂)'이나 '훤당(萱堂)' 또는 '대부인(大夫人)'이라
고 말한다.

왜 같은 사람을 상대에 따라 다르게 지칭했을까? 그 까닭은 보
이지 않는 곳에서조차 존중하려는 마음가짐에 있다. 비록 당사자
는 모를지라도 함부로 대하지 않고 정중히 높여 부름으로써 언제
나 위하는 것이다. 이러한 배려는 행동으로 이어지는 바, 서로를
존중해 주는 결과를 낳는다.

그렇지만 요즘에는 존칭 구분을 어려워하여 부친과 모친으로

많이 호칭하며, 우리말인 '아버님', '어머님'도 더불어 쓰고 있다. 그런데 어찌하여 아버님, 어머님과 달리 엄마님, 아빠님이란 호칭은 없을까?

기본적으로 자기를 낳아 준 아버지와 어머니에게는 '님' 자를 붙이지 않고, 격식 없이 아빠, 엄마라고 부른다. 이에 반해 다른 사람의 아버지와 어머니에게는 높여서 아버님, 어머님이라고 호칭한다. 아빠와 엄마라는 말은 남의 부모에게 사용하지 않는데, 아빠와 엄마는 자식을 길러 준 사람이기에 남의 부모는 아빠, 엄마가 될 수 없는 까닭이다.

 우리말 사전

○ **선대인(先大人)** 남의 돌아가신 아버지를 높여 이르는 말.
○ **선친(先親)** 돌아가신 자기 아버지를 남에게 이르는 말.
○ **가친(家親)** 남에게 자기 아버지를 높여 이르는 말.
○ **춘부장(春府丈)** 남의 아버지에 대한 존칭.
○ **자당(慈堂)** 남의 어머니를 높여 이르는 말.

'수고하다' 대신 쓸 수 있는 높임말

애쓰다, 수고하다

애쓰다 ◀─── 비슷한 말 ───▶ 수고하다

◆ **애쓰다**

"그자는 조선에 가서 은연중에 그들의 경각심을 일으키려 <u>애쓰다</u> 온 자다." (고정욱, 《원균 그리고 원균》)

온 힘을 다해 무엇을 이루려고 힘쓸 때 흔히 '애쓰다'라는 말을 쓴다. 17세기에 '애쁘다'의 형태로 처음 나타난 애쓰다는 쓸개를 이르는 '애'에 사용한다는 뜻을 지닌 '쓰다'가 합쳐진 말이다. 그리고 이 무렵부터 애는 근심에 쌓인 초조한 마음 이외에 마음과 몸의 수고로움도 가리키게 됐다. 따라서, 전력으로 힘쓰면 애를 쓰는 것이고 힘을 쓰는데도 속이 상할 정도로 어려움을 겪으면 애를 먹는 것이다. 애를 쓰든 애를 먹든 모두 어려움을 견디는 상황을 나타낸 말이다.

그물에 갇힌 물고기는 벗어나고자 애쓰고, 외줄을 걷는 줄타기 꾼은 긴장한 채 중심을 잡으려고 애쓰고, 부도 위기에 몰린 회사 대표는 정상화를 위해 애쓰고, 문제를 푸는 수험생은 정답을 맞히려 애쓰고, 성직자는 대중을 교화하려 애를 쓴다.

◆ 수고하다

"모두 하늘이 낸 것이니 <u>수고</u> 없이 어찌 공으로 먹을 것이냐." (황석영,《장길산》)

애쓰다가 온 힘을 기울인 노력이라면, 유의어 '수고하다'는 일을 하느라 힘들이는 모습을 표현한 말이다. 받을 수(受)와 괴로울 고(苦) 자가 합쳐진 수고(受苦)에서 유래한 말로써, 괴로움을 받아들이는 일을 의미한다.

옛날에는 평민이 지방에서 서울에 가려면 먼 길 걷는 수고를 해야 했고, 도예가는 관청에 납품할 도자기를 만드느라 수고했으며, 황금을 얻기 위해서는 광물을 캐어 부수고 거르는 수고를 해야 했다. 여행 다니는 사람은 계획을 짜거나 이곳저곳 알아보는 수고를 하고, 주차장이 좁으면 차 댈 곳을 찾아 수고해야 하고, 출세하고자 하는 사람은 권력 가진 고위층과 줄을 대려고 수고한다.

이처럼 수고는 전력을 다하거나 조금만 힘쓰는 상황 모두를 아우른 말이며, 상대에게 건네는 인사로도 많이 쓴다. 아파트에서 경비원에게 수고하라는 인사를 건네고, 직장 상사가 먼저 퇴근하면서 부하 직원에게 수고하라 말한다.

여기서 중요한 지점은 윗사람에게 "수고하시라"라는 인사를 하면 안 된다는 것이다. 왜냐하면 앞서 말했듯 수고는 본래 '고통을 받음'이라는 뜻인 까닭이다. 그러므로 동년배나 아랫사람에게는 "수고하게"라고 인사할 수 있으나 윗사람에게는 그렇게 말하지 않아야 한다.

같은 맥락에서 어떤 일을 처리하느라 노력한 상사에게 부하 직원이 "수고하셨습니다"라고 인사하면 결례가 된다. 그런 경우 "애쓰셨습니다"라고 말하면 무난하다. 기껏 예를 갖춘다고 수고라고 말했다가 상대방의 기분을 언짢게 만드는 일이 없도록 조심하는 게 좋다.

우리말 사전

○ **애쓰다**　마음과 힘을 다하여 무엇을 이루려고 힘쓰다.
○ **수고하다**　일을 하느라고 힘들이다.

후배를 너그러운 마음으로 '그느르다'

그느르다, 보살피다, 돌보다

그느르다 ◄── 비슷한 말 ──► 보살피다 ◄── 비슷한 말 ──► 돌보다

◆ <u>그느르다</u>

"그것은 처음 온 사람이라 해서 그런 것이요 윗사람이 아랫사람 <u>그느르는</u> 태도거나 또는 그만치나 설면하니까 인사치레로 그렇게 할 것이다." (염상섭, 〈모란꽃 필 때〉)

'그느르는 태도'란 무슨 말일까? '그느르다'의 옛말 '그늘우다'는 16세기 문헌에서 보이는데, 어두운 부분을 이르는 '그늘'에 사동 접사 '-우다'가 합쳐진 말이다. 사동 접사는 자동사의 어간 뒤에 붙

어 '어떤 대상에 대하여 그렇게 하도록 하다'의 뜻을 더하여 타동사로 만드는 말이며, '-우다'의 경우 '끼우다', '띄우다' 등의 표현에 쓰인다.

따라서 그늘우다는 누군가에게 뜨거운 햇빛과 비바람을 막아 줄 그늘이 되어 주는 것이다. 이 말이 18세기에 '그느로다'를 거쳐 그느르다가 되었고, 누군가를 보호하여 돌보아 주다 또는 흠이나 잘못을 덮어 준다는 뜻으로 쓰이게 되었다. 그러므로 그느르는 태도라는 말은 어떤 사람이 다른 사람을 돌보고 보살펴 주는 모양새임을 알 수 있다. 놀이터에 가면 형이나 누나가 동생을 그느르는 모습을 볼 수 있다.

◆ 보살피다

"조선 개간민들은 조선 조정에 여러 차례 공소하여 자신들의 처지를 <u>보살펴</u> 달라고 하소연하였다." (최명희,《혼불》)

그느르다가 너그러운 마음으로 아랫사람을 챙겨 주는 말이라면, '보살피다'는 정성을 기울여 보호하고 돕는 행위를 가리키는 말이다. 보살피다의 어원 '보술피다'는 '보다'와 '살피다'가 합쳐진 말로써, 봐 가면서 꼼꼼히 보호해 줌을 나타낸다. 이리저리 두루 지켜보고 상황에 따라 직접 나서기에 '일 따위에 관심을 가지고 관리하거나 맡아서 하다'라는 의미도 지니게 됐다. 엄마는 갓난아기를 보살피고, 간호사는 환자를 보살피고, 창고지기는 곡식과 물품을 보살핀다.

보살피다의 유의어 '돌보다'는 관심을 가지고 보살펴 부양하거나 수발하는 것을 뜻한다. 본래 돌보다는 동사 '돌다(회전)'와 '보다'로 이루어진 합성어로, '돌아보다'의 의미를 가지고 있었다. 조선시대 나졸은 동네를 한 바퀴 돌면서 도둑이 있는지 돌아봤고, 엄마는 갑자기 우는 갓난아이가 어디 불편한지 이곳저곳 고루 돌아보았다. 본래 물리적으로 고개를 돌려 가며 보는 일을 이르다가 어떤 대상을 보살피는 행위를 가리키기 시작하면서 지금의 보살핀다는 의미를 지니게 됐다.

◆ 돌보다

"젊어서 혼자된 하나밖에 없는 누이가 집일을 <u>돌보아</u> 주어 그런대로 좀 마음을 놓았었는데…." (한무숙, 〈어둠에 갇힌 불꽃들〉)

민간신앙에서는 철융신(철륭신)이 장독간을 돌보고, 우마신이 소와 말의 번식을 돌보고, 측신이 변소를 돌보고, 삼신할미가 아이를 돌본다고 믿었다. 오늘날에도 통치자는 나랏일을 돌보고, 부모는 어린 자식을 돌보고, 유치원 교사는 아이들을 돌본다. 그 대상이 무엇이든 정성을 다해서 돌보면 사람은 감동하고 사물은 오래 쓸 수 있게 된다. 이처럼 배려의 힘은 강하다.

 우리말 사전

○ **그느르다** 누군가를 보호하여 돌보아 주거나 허물을 덮어주다.
○ **보살피다** 마음을 기울여 여러모로 돌보아 주다.
○ **돌보다** 관심을 가지고 보살피다.

'직설적'일 수는 있어도
'노골적'으로 비난하진 말라

노골적, 대놓고, 직설적

대놓고 ← 관련된말 → **노골적** ← 관련된말 → **직설적**

◆노골적

"신 대위 앞에서 유리창을 깬 것은 그에 대한 <u>노골적</u>인 반항이다."

(홍성원, 《육이오》)

'노골적'이라는 말은 감정이나 기분을 숨기지 않고 그대로 외부에 표출하는 것을 뜻한다. 누군가에게 싫어하는 마음을 노골적으로 드러내고, 유혹하고자 하는 상대에게 노골적으로 추파를 던지며, 방송에서 특정 제품을 노골적으로 홍보하기도 한다.

이처럼 속마음이나 기분을 표현하는 노골적이라는 표현은 전쟁터에서 유래한 말이다. 전투에서 병사가 죽은 뒤 세월이 흘러 그 자리에 그대로 뼈가 드러난 모습이 노골(露骨)인 바, 살이 썩어서 드러나게 된 유골(遺骨)을 표현한 낱말이다. 이는 아무것도 숨김없이 드러난 상태를 가리키기에 노골적이라는 말은 감정을 그대로 드러낼 때 쓰게 됐다.

시집살이를 당연시하던 옛날에 시어머니는 며느리를 노골적으로 냉대했고, 청렴하게 살아간 선비는 탐욕스러운 자를 노골적으로 비웃었으며, 오늘날에도 직설적인 정치인은 정적을 노골적으로 비난한다.

노골적이라는 말은 비단 심리뿐만 아니라 사물이나 육체를 노출하는 경우에도 쓰인다. 방송 광고 시장은 점차 노골적으로 변하고 있으며, 남성미를 과시하고자 하는 사내는 노골적으로 근육을 자랑하고, 관능적으로 보이고 싶은 여배우는 공개 석상에 노골적인 옷차림으로 등장한다.

"그 사람은 너무 노골적이다"와 같은 말은 성적 매력을 과감하게 드러낸다는 뜻이나 다름없다.

대불이는 고집을 꺾지 않은 형에 대해 **노골적**으로 불만을 털어 내며 어머니와 함께 새벽길을 떠났다. (문순태,《타오르는 강》)

◆ 대놓고

"속으로야 새끼를 꼬고 앉아 있을망정, **대놓고** 맞설 만한 처지는 못 되었다." (최일남,《거룩한 응답》)

노골적이라는 말이 자신의 몸이나 심리를 숨김없이 노출하는 것을 뜻한다면, '대놓고'는 사람을 앞에 놓고 거리낌 없이 함부로 대함을 이르는 말이다. 상대와 서로 마주한 상태에서도 자기 기분 내키는 대로 행동하거나 말하는 것, 또한 제삼자가 봐도 말하기 곤란한 상황인데 과감하게 말하는 것 역시 대놓고이다.

왕조 시대에 하인은 상전 눈치를 보느라 대놓고 말할 수 없었고, 신하는 임금의 비위를 건드릴까 싶어 대놓고 말하지 못했으며, 오늘날에도 누군가를 대놓고 비난하는 일은 드물다. 공개된 장소에서 대놓고 애정 표현을 하지 않고, 남의 흉을 볼 때는 면전에서 대놓고 말하지 않고, 무슨 일이든 눈치를 봐야 할 때는 대놓고 말하지 않는다. 그렇지만 감정이 몹시 격하거나 앞뒤 따지지 않을 때는 대놓고 말하기도 한다.

둘째 아들 집인 이 집에서는 눈치가 보여 **대놓고** 걱정도 못 하고 일꾼 방으로만 연방 들랑날랑하였다. (이호철,《소시민》)

◆ 직설적

"그는 배일사상을 적당히 가미하여 **직설적**이며 조야한 변설로써
인심을 사로잡았고⋯." (박경리,《토지》)

대놓고라는 말이 '눈치를 보지 않고 거리낌 없이 멋대로'라면,
'직설적(直說的)'은 바른대로 말하는 것이다. 친구의 단점을 직설적
으로 말하고, 박물관에서 뛰어다니는 아이를 직설적으로 나무라
고, 아재 개그를 반복하는 동료에게 재미없다고 직설적으로 말하
는 일 따위가 그렇다. 한국인과 일본인의 기질을 비교하면, 한국
사람들은 직설적으로 말하고 일본 사람들은 모호하게 표현하는
경향이 있다고도 한다.

직설적 표현은 강력한 전달 효과가 있으나 상대의 감정을 상하
게 하거나 때때로 오해를 일으킬 수 있으므로 주의해야 한다. 따
라서 불편한 지적이나 듣기 거북한 주제에 대해서는 직설적 화법
을 되도록 자제하고 간접적인 어법으로 신중히 말하는 게 바람직
하다.

📖 우리말 사전

○ **노골적(露骨的)** 숨김없이 모두를 있는 그대로 드러내는 것, 또는 그런 것.
○ **대놓고** 사람을 앞에 놓고 거리낌 없이 함부로.
○ **직설적(直說的)** 바른대로 말하는. 또는 그런 것.

'관능적'인 사랑,
'매혹적'인 얼굴

매력적, 관능적, 매혹적

관능적 ◀— 관련된 말 —▶ 매력적 ◀— 관련된 말 —▶ 매혹적

◆ 매력적

"큰 눈에 높직한 코와 뚜렷한 윤곽이 아주 **매력적**이었다." (이숭녕,《대

학가의 파수병》)

어떤 사내가 밤길을 걷다가 마주 보고 걸어오는 사람을 만났는

데, 그가 돌아서서 걷기에 자신도 모르게 계속 따라 걸었다. 아무

리 빠르게 걸어도 잡힐 듯 잡히지 않는 거리가 유지되면서 계속

걷다 보니 어느새 먼동이 텄고, 바로 그 순간 앞에 가던 사람이 사

라졌다. 눈앞의 사람이 사라짐과 동시에 정신을 차린 사내는 뒤늦게 자기의 몸을 보고 깜짝 놀랐다. 낯선 이를 쫓아가는 동안 여기저기 긁혀 상처투성이였던 것이다. 허겁지겁 자기 집으로 돌아간 사내는 집안사람들에게 밤새 겪은 일을 말했고, 사람들은 아무래도 도깨비를 만난 것 같다면서 그만하면 다행이라고 위로해 주었다.

이 이야기는 전국 각지에 전해지는 도깨비 전설 중 하나인데, 이에 연유해 '도깨비에 홀린 것 같다'라는 관용어가 생겼다. '일의 내막을 도무지 모르고 어떤 영문인지 정신을 차리지 못하다'라는 뜻이다. 비슷한 맥락에서 '대낮에 도깨비에 홀렸나'라는 속담도 쓰는데 벌어진 일이나 상황이 도무지 이해되지 않는다는 말이다.

도깨비 신앙은 《삼국유사(三國遺事)》 등 여러 문헌에 기록되어 있을 정도로 고대부터 있었으며, 사람 형상을 한 잡된 귀신을 가리켰다. 인간을 살해할 만큼 악독하지 않고 가끔은 인간의 꾀에 넘어가 초자연적 힘을 이용당하는 미련함이 특징이지만, 한편으로 사람을 홀리는 힘을 지니고 있다.

사람 마음을 끌어당기는 묘한 힘을 의미하는 '매력(魅力)'은 도깨비 매(魅), 힘 력(力)이란 음훈에서 알 수 있듯 도깨비가 잡아당기는 힘을 의미한다. 끌려가는 처지에서는 그 이유를 전혀 알지 못한다. 이처럼 이성이나 논리가 아니라 보는 즉시 그냥 빠져들게 만드는 힘이 매력이다.

보통 사람에게서 느낄 수 있는 매력을 표현할 때는 구체적 요인을 함께 쓴다. 이를테면 까칠한 매력도 있고, 통통 뛰는 귀여운 매력도 있으며, 지성이 돋보이는 매력도 있고, 뛰어난 몸매에서 풍기는 관능적 매력도 있다.

비단 사람만이 아니라 직업, 취미, 사업, 자연 등 모든 분야에서 매력은 작동한다. 예컨대 연예 제작자 관점에서 보이 그룹 및 걸 그룹은 대중성과 열성적 지지자를 동시에 확보할 수 있다는 점이 매력적이다. 판소리는 서양 가곡에서는 맛볼 수 없는 색다른 매력을 지니고 있다. 이때 매력은 관심과 호감을 갖게 만드는 힘이다.

◆ 관능적

"심리학에서는 에로스를 단순히 <u>관능적</u>인 사랑의 상징으로만 보지 않고 인간과 인간의 관계 욕구로 파악한다." (시사저널 2012.5.)

매력 중에서 '관능(官能)'은 늘 사람들을 잡아당긴다. 관능은 육체적 쾌감, 특히 성적인 감각을 자극하는 작용을 이르는 말이다. 관능은 개화기에 생긴 용어이며, 처음에는 생물이 살아가는 데 필요한 모든 기관의 기능을 뜻했다. 1922년 최록동은 《현대신어석의(現代新語釋義)》에서 관능을 다음과 같이 설명했다.

생물은 모두 그 생활을 영위하기 위해 필요한 각종 기관을 가지고 있으니 그 기관의 동작을 **관능**이라 하며, 또 관능을 감각과 같은 뜻으로 돌려 사용하여 감각묘사를 관능묘사라고도 한다. '관능적'은 육감적이라 함과 같은 뜻이고, 넘쳐흐르는 육체의 미를 감각에 받아들이는 것이다.

그런데 언론과 문학 작품에서 '성적 감각을 자극하는 작용'이란 뜻으로 자주 쓰면서 관능 또는 관능적이라는 말은 육체적 매력을 강조하는 용어가 되었다.

그 붉은 입술에 박힌 반쯤 드러난 하얀 이빨 두 개가 그의 **관능**을 꿈틀 자극했다. (조정래,《태백산맥》)

◆ 매혹적

"신여성이란 말은 개화기 때 생겼지만 엄마에겐 그때까지도 해득되지 못한, 그러나 **매혹적**인 그 무엇이었다." (박완서,《그 많던 싱아는 누가 다 먹었을까》)

'관능적'이 성적인 감각을 자극하는 것이라면, '매혹적'은 사람 마음을 호리어 사로잡을 만한 것이다. 공연에서 본 아름다운 춤사위는 다시 보고 싶을 만큼 매혹적이고, 좋아하는 연예인을 바라보는 소녀에겐 자신을 향해 웃어 주는 얼굴이 매혹적이고, 바닷가 해수욕장에 있는 푸른 소나무와 모래밭도 휴양객에게 매혹적이다.

 우리말 사전

○ **매력(魅力)** 사람의 마음을 사로잡아 끄는 힘.
○ **관능(官能)** 성적 감각에 관계되어 육체적 쾌감을 일으키는 작용.
○ **매혹(魅惑)** 남의 마음을 호리어 사로잡음.

미안하다, 죄송하다, 송구하다, 황송하다

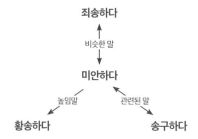

◆ **미안하다**

"두원이는 혼자 돌아온 것이 어쩐지 좀 <u>미안스러운</u> 듯 슬그머니 한 손을 뒤통수로 가져갔다." (하근찬, 《야호》)

'미안하다'의 '아닐 미(未)' 자는 부정(否定)을 담은 말이다. 아직 성년이 되지 못한 미성년, 사회가 발전되지 못한 미개, 일에 서투른 미숙 등이 대표적인 예이다. 남에게 마음이 편치 못하고 부끄러운 '미안(未安)' 역시 그렇다. 그래서 마음이 편안해야 하는데 겸

연쩍어서 불편하고 거북할 때 "미안하다"라고 말한다.

딸을 시집보내는 부모 마음은 떠나보내는 섭섭함과 아울러 뭐든 다해 주지 못한 미안함으로 가득하고, 깊은 밤중에 문을 열어 달라고 부탁한 하숙생은 주인의 잠을 깨워 미안해하고, 억울하게 세상을 떠난 어느 지인을 향해 동료들이 지켜 주지 못했다며 미안해한다. 요컨대, 미안함은 괴로움이나 폐를 끼쳐 마음이 불편함을 나타낸 말이다. 그런 맥락에서 어떤 일에 대해 다른 사람에게 겸손히 양해를 구할 때도 "미안합니다만…"의 꼴로 말한다.

◆ 죄송하다

"상중에 찾아와 <u>죄송스럽소</u>. 하지만 워낙 급히 매듭을 지어야 될 일이기에 예가 아닌 줄 알면서 찾아왔소." (유현종, 《들불》)

일반적으로 미안하다는 말은 상대방이 말하는 이와 같거나 낮은 위치의 사람일 때 사용한다. 상대방이 자신보다 윗사람일 때는 '죄송하다'를 써야 한다. 죄송(罪悚)은 문자 그대로 '허물이 있어 당황스럽고 두렵다'라는 뜻이다. 죄인 것처럼 여겨져 미안하거나, 죄스러울 정도로 미안할 경우 사용한다. 어른들이 모인 자리에 급한 일로 갑자기 끼어들었을 경우 결례를 저질러 죄송하고, 공식적인 모임에 지각했을 경우 늦어서 죄송하고, 지원한 대학에 낙방

한 수험생은 물심양면 뒷바라지해 주신 부모님에게 죄송하다. 자식의 입장에서 부모를 향한 불효는 늘 죄송한 일이므로, 현진건은 《무영탑》에서 이렇게 썼다.

주만은 어머니의 상심하시는 것이 민망스럽고 **죄송스러워서** 가까스로 꿀꺽꿀꺽 울음을 삼키고 제 처소로 돌아왔다.

◆ 송구하다

"설유징이 껄껄 웃자, 정학의 모친은 더욱 **송구스러워서** 연신 허리를 구부렸다." (황석영, 《장길산》)

이처럼 미안하다는 말과 죄송하다는 말이 상대에게 무언가 피해를 주었을 때 쓰는 말이라면, '송구하다'는 이보다 훨씬 무거운 말이다. 두려워함을 두 번 강조한 송구(悚懼)는 '두려워서 마음이 거북함'을 표현한 말이며, 마찬가지로 현진건의 《무영탑》에서 쓰임새를 확인할 수 있다.

주만은 바늘방석에 앉은 듯한 **송구한** 마음으로 오마조마 무서운 제 운명을 기다려 보았으나 그날은 무사히 넘어갔다.

한없이 베풀어 주는 집안 어른의 사랑과 관심을 늘 송구스러워 하는 젊은이도 있고, 선생님의 설명에 공감하지 못한 학생은 송구한 마음으로 반박하며, 상사의 부당한 지시에 반발하여 이의를 제기하는 부하 직원은 "말씀드리기 송구하지만…"으로 시작하는 말을 꺼낸다.

또한 송구하다는 자신을 낮춤으로써 상대를 높여 주는 말이기도 해서 귀한 손님이 자신의 집에 찾아왔을 때 "이런 누옥에 귀한 손님을 맞으니 송구스럽습니다"라고 말하기도 한다.

◆ **황송하다**

"그때 참 아뢰옵기 **황송합니다만** 중전과 동궁을 해하려는 상서롭지 않은 거조가 있었습니다." (박종화,《금삼의 피》)

역사극에 종종 나오는 '황송하다'는 지체 높은 사람의 은혜나 배려가 분에 넘쳐 매우 고맙고도 송구할 때 쓰는 말이다. 평민 복장으로 암행 중인 임금으로부터 뜻하지 않은 도움을 받은 뒤 그 정체를 알게 된 백성은 황송해서 어쩔 줄 몰라 하고, 대감으로부터 쌀 한 섬을 선물받은 농부는 감지덕지 황송한 마음으로 인사드린다. 다만, 신분제가 사라진 오늘날에는 거의 쓰지 않는다.

미안한 마음을 나타낼 때는 격에 맞지 않는 가벼운 말도, 지나치게 과한 말도 모두 예절에 벗어나므로 주의해서 가려 씀이 바람직하다.

 우리말 사전

○ **미안하다(未安하다)** 남에게 대하여 마음이 편치 못하고 부끄럽다.
○ **죄송하다(罪悚하다)** 죄스러울 정도로 미안하다.
○ **송구하다(悚懼하다)** 두려워서 마음이 거북스럽다.
○ **황송하다(惶悚하다)** 분에 넘쳐 고맙고도 송구하다.

'재벌가 사모님'은 잘못된 말이다

부인(婦人), 부인(夫人), 새댁, 사모님

부인(夫人)

↑ 높임말
|

부인(婦人)

↙ 높임말 　　 ↘ 관련된 말

사모님 　　　　　　　　　　 **새댁**

◆ **부인(婦人)**

"재종조모가 농담을 던지자 방 안의 **부인**들은 손으로 입을 가리며 웃었다." (최명희, 《혼불》)

중국의 공자(孔子)가 태산 기슭을 지날 때의 일이다. 어떤 부인이 무덤 앞에서 큰 소리로 울고 있었다. 울음이 너무 슬픔에 겨워 보였기에 공자가 그 이유를 물었다. 그러자 부인이 대답했다.

"이 지역에는 사람을 잡아먹는 호랑이가 있어, 일전에 저의 시아버님이 호랑이에 먹혀 돌아가셨습니다. 얼마 후 남편도 또 범에게 죽었는데, 이번에는 또 아이까지 범에게 잡혀 죽었습니다."

이상하게 생각한 공자가 다시 물었다.

"그렇다면 사람 잡아먹는 호랑이가 있는 이 지역에서 어찌하여 떠나지 않았습니까?"

그 말에 부인이 이렇게 대답했다.

"여기에는 포악하고 가혹한 정치가 없기 때문입니다."

《예기(禮記)》에 나오는 이야기로, 백성을 괴롭히는 정치가 호랑이보다 무서움을 경고한 내용이다. 여기서 주목할 것은 부인이라는 호칭이다. 이전까지 '부인(婦人)'의 '부' 자는 '신성한 곳을 깨끗이 청소하는 여성'이라는 뜻으로 쓰였는데, 《예기》에서 '다른 남자의 아내'라는 의미로 처음 사용하면서 뜻이 바뀌었다.

《예기》는 대체로 전국 시대 말기부터 진한 시대에 걸쳐 편찬됐다고 하는데, 부인(婦人)이 제왕의 아내도 아니고 신성한 곳의 청소부도 아닌 결혼한 여성이라는 뜻이 된 것은 대략 기원전 3세기경부터의 일이라 하겠다. 또한 부(婦)라는 글자는 이후 시대에서 일반 여성을 가리키는 의미로 사용하게 되어, 오늘날 중국어에서도 성인 여성을 이를 때 '부녀(婦女)'라는 말을 흔히 쓴다. 여기서 부녀는 결혼한 여자와 성숙한 여자를 통틀어 이르는 말이다.

◆ 부인(夫人)

"말하자면 수로 <u>부인</u>의 아름다움이 시골 노인에게는 하나의 경이로움으로 다가왔던 것이다." (진경환, 《고전문학 이야기주머니》)

부인(婦人)과 '부인(夫人)'은 모두 타인의 아내를 지칭할 때 쓰지만 그 의미는 다르다. 부인(婦人)은 결혼한 여자를 이르고, 부인(夫人)은 남의 아내를 높여 가리킨다. 이른바 기러기아빠가 아이 교육을 위해 외국으로 보낸 아내, 신입 사원이 해외로 출장 가는 바람에 혼자 있게 된 아내, 옷가게에서 옷을 고르는 중년 신사의 아내는 모두 '부인(婦人)'이다. 나이 많은 여자는 '노부인(老婦人)', 재력을 과시하는 집안의 부인은 '귀부인(貴婦人)'이라고 높여 이른다.

이에 비해 신라 성덕왕 때 향가 〈헌화가(獻花歌)〉에 등장하는 수로 부인, 신라 35대 경덕왕의 후비(後妃) 만월 부인, 조선 시대 고위관리의 부인은 모두 부인(夫人)이다. 부인은 본래 고대 중국에서 제후(諸侯)의 아내를 가리키는 호칭이었다.

우리나라에서도 왕의 후비를 이르다가 점차 고관의 아내를 높여 말하게 됐고, 주로 기품 있는 기혼 여성임을 강조할 때 쓰게 됐다. 조선 사회에서 첩(妾)과 연관된 '본부인', 현대 사회에서 대통령의 아내를 이르는 '영부인'은 모두 부인(夫人)이다.

그런데 조선 시대 사대부 집안 남자가 자기 아내를 부를 때, 또는 남의 아내를 높여 이를 때 부인(夫人)을 쓰면서 경칭이 됐다. 이린 정서로 인해 요즘도 부인은 '아낙네'와 '아주머니'보다 높여 부르는 말로 통하고 있다.

◆ 새댁

"부엌에서 굴비 비늘을 긁고 있던 **새댁**이 종종걸음으로 나와 세숫물과 양칫물을 대령했다." (박완서,《미망》)

갓 결혼한 여자는 '새댁'이라고 부르는데, '댁'은 시집온 부인을 일컫는 호칭이다. 댁은 집 택(宅) 자가 변화한 말이며, 택은 주택(住宅)처럼 건물을 지칭한다. 그래서 댁은 집안 또는 안식구라는 뜻으로 쓰인다.

다른 사람이 부를 때 신부가 청주에서 왔으면 청주댁, 부산에서 왔으면 부산댁, 목포에서 왔으면 목포댁 이런 식으로 출신지와 엮어 말한다. 새댁은 듣는 이가 대등한 관계에 있는 사람이나 아랫사람인 경우 그의 아내 또는 당사자를 높여 이르는 호칭이다.

"여기 올 때 고향 가는 기분이었소. 친정 가는 **새댁** 같은 마음이었소." (박경리《토지》)

◆ 사모님

"애당초 교장 <u>사모님</u>이 중매를 자청했을 때도 칼로 자르듯이 거절했었다." (양귀자,《나는 소망한다, 내게 금지된 것을》)

그런가 하면 '사모님(師母님)'은 스승의 부인을 높여 부르는 말이다. 가르침을 준 스승의 아내를 지칭하는 말이므로 아무에게나 써서는 곤란하다. 직장에서 직급상 수직 관계에 있는 상사의 아내를 가리킬 때도 사모님이라 말할 수 있으나 그밖에는 쓰지 않아야 한다. 언론에서 부동산 투기를 조장하는 강남 거주 아주머니를 '건물주 사모님', 재벌 집안의 부인을 '재벌가 사모님'이라 표현하기도 하지만 이는 경어 남용이다. 남의 아내를 높여 이르는 부인(夫人)이 무난하다.

 우리말 사전

○ **부인(婦人)** 결혼한 여자.
○ **부인(夫人)** 남의 아내를 높여 이르는 말.
○ **새댁(새宅)** 갓 결혼한 '새색시'를 높여 이르는 말.
○ **사모님(師母님)** 스승의 아내 혹은 윗사람의 아내를 높여 부르는 말.

'아가씨'는 언제부터 기분 나쁜 말이 되었을까?

아기씨, 아씨, 아가씨, 색시

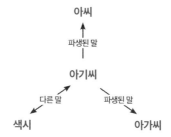

아씨

↑
파생된 말
|

아기씨

다른 말 ↙   ↘ 파생된 말

색시   아가씨

◆ 아기씨

"아기마마는 인제 걸음발도 탈 줄 안답니다. <u>아기씨</u> 인제 아바마마 앞에서 좀 걸어 보아!" (박종화,《다정불심》)

왕조 시대에 어린 왕자나 왕녀 또는 왕손을 높여 부르던 말 '아기씨'는 1459년 간행한 《월인석보(月印釋譜)》에 처음 나타난다. 광해군 때 궁녀가 쓴 《계축일기(癸丑日記)》와 혜경궁 홍씨가 지은 《한중록(恨中錄)》에서는 '아기시'로 표기된 데서 알 수 있듯 하나로

된 말이었고, '아가의 씨' 혹은 '아기+씨'라는 어원 풀이는 잘못된 것이다.

아기씨는 존대하는 마음으로 왕가의 어린 상전을 이를 때 썼으며 첫 번째 예문에서처럼 '아기마마'라고도 불렀다. 이런 궁중 언어문화를 바탕으로 후대에는 민간에서 높은 지위에 있는 사람의 딸을 가리키는 말이 됐고, 박경리의 소설《토지》에 그런 쓰임새가 보인다.

> "소승 듣건대 <u>아기씨</u>께선 칠서(七書)에 통달하시고 경전도 널리 섭렵하시었다 하니."

◆ **아씨**

> "<u>아씨</u>는 등잔불도 안 켜고 방과 함께 추락해 가는 느낌에 나른하게 몸을 맡기고 있었다." (박완서,《미망》)

아기씨에서 파생된 또 다른 호칭 '아씨'는 하인이나 신분 낮은 사람이 상전 집이나 양반 댁 젊은 부인이나 미혼 여성을 부를 때 썼다. 아씨의 어원을 '작다'라는 뜻을 가진 퉁구스어계 언어 '아지'에서도 찾아볼 수 있다. 삼국 시대에 여자 아명으로 아지를 가장 많이 선택한 이유는 그 말 속에 작고 귀엽다는 뜻이 담긴 까닭이다. 신라의 태종 무열왕 김춘추의 아내가 된 김유신의 누이동생 이름도 아지(阿之)이며, 훗날 하인이 젊은 부인을 부른 호칭인 아씨도 이 아지에서 유래되었다.

이를 통해 아씨라는 호칭에 작고, 예쁘고, 귀엽고, 존경의 뜻까지 담겨 있음을 알 수 있다. 이렇듯 아랫사람이 젊은 부녀자를 높여 이르는 말이 아씨이며, 박완서 소설 《미망》에서 이 예를 볼 수 있다.

양반 댁 **아씨**들이 한 번만 봤다 하면 황홀해서 탐내 마지않으니 부르는 게 값이었다.

◆ 아가씨

"그러면서 미화 **아가씨**는 사과즙을 또 한 숟갈 떠서 주인아저씨 입으로 가져갔다." (김원두,《어느 개의 인간적인 추억》)

그런가 하면 아기씨는 '아가씨'라는 말도 낳았다. 아가씨는 주로 아랫사람이 젊은 부녀자를 높여 이를 때 썼는데, '안뒷간에 똥 누고 안 아가씨더러 밑 씻겨 달라겠다'라는 말은 이와 관련한 재미있는 속담이다.

안뒷간은 양반집 안채에 딸린 부녀자용 뒷간을, 안 아가씨는 양반집 처녀를 가리키므로 지나치게 염치없는 경우를 비유적으로 이르는 말이다.

그런데 근대에 들어 신분제가 없어지면서 아가씨는 시집갈 나이의 여자를 이르는 말로 용법이 바뀌었다. 1823년에 슈베르트가 뮐러의 시를 바탕으로 방앗간 젊은이의 사랑과 실연을 작곡한 연작 가곡집은 〈아름다운 물레방앗간의 아가씨〉로 번역되었다. 1955년 개봉한 미국 뮤지컬 영화 〈Guys And Dolls〉는 〈아가씨와 건달들〉이란 제목으로 번역됐으며, 1964년에 발표된 이미자의 노래 〈동백 아가씨〉는 마냥 기다리는 처녀의 마음을 표현한 가사로 큰 인기를 끌었고, 1986년 송창식이 발표한 대중가요 〈담배 가게 아가씨〉는 재미있는 가사와 경쾌한 멜로디로 관심을 끌었다.

그러던 중에 술집이나 다방에서 일하는 여성 종업원을 '술집 아가씨', '다방 아가씨'라고 호칭하면서 아가씨가 여성 접대원이란 의미도 지니게 됐다. 이런 변질 때문에 아가씨를 젊은 미혼 여성에 대한 비하 표현으로 생각하는 사람도 있으나, 다양한 쓰임새 중 일부이므로 전체적 멸칭(蔑稱)으로 보기는 어렵다.

다만 젊은 여성을 호칭할 때 직급이나 직위가 있다면 그걸 말하고, 없다면 정중히 불러야 오해를 사지 않을 것이다.

◆ 색시

"소금 장수가 남의 집 **색시**를 잘 놀려낸다더라. 우리 누나는 소금 장수 올 때 내다보다가 할머니한테 야단까지 맞는다." (홍명희, 《임꺽정》)

한편 갓 결혼한 젊은 여자를 이르는 '색시'는 옛날 말 '새각시'가 어원이다. 새각시는 ㄱ이 빠져 '새악시'가 됐다가 다시 말소리가 줄어들어 색시가 되었다. '각시'는 '가시'란 말이 어원이며 젊은 여성을 의미했다. 조선 시대에는 기혼과 미혼을 구분하지 않고 젊은 여성을 가리켜 색시라고 불렀음을 여러 속담에서 확인할 수 있다.

'색시 귀신에 붙들리면 발을 못 뺀다'라는 속담은 시집도 못 가고 죽은 처녀 원혼의 빌미는 무서움을 이르고, '색시가 고우면 가시집 말장 끝까지 곱게 보인다'라는 속담은 마음에 드는 사람과 관계된 것이면 무엇이든 좋게 보임을 뜻하며, '날 받아 놓은 색시 같다'라는 속담은 바깥출입을 안 하고 집에만 가만히 있는 사람을 비유한 말이다.

20세기 초에 발행된 1925년 나도향의 소설 〈물레방아〉와 1936년 심훈의 소설 《상록수》에서도 그런 쓰임새를 확인할 수 있다.

- "여보 아주머니! 우리 집 **색시** 어디 갔는지 보았소?"
- "조선 안의 그 숱한 **색시**들 중에 '채영신' 석 자만 쳐다보고, 눈을

꿈벅꿈벅하고 기다리는 나 자신이 못나기도 하고 어찌 생각하면 불쌍하기도 합니다."

그런데 그 무렵 술집에서 색시 구경을 장사 수단으로 삼으면서 술집 등의 접대부나 매춘부를 더불어 일컫게 되었다. 그 바람에 젊은 여자를 가리키던 색시는 혼인하지 않은 젊은 술집 여자를 칭하는 말로 둔갑했으며, 일반 젊은 여성들이 기피하게 됐다. 아울러 새댁이 새색시의 자리를 차지하면서, 색시는 술집의 접대부라는 심상(心象)이 강해졌다.

 우리말 사전

○ **아기씨**　예전에 신분 낮은 사람이 지체 있는 미혼 여자를 높여 부르던 말.
○ **아씨**　아랫사람들이 젊은 부녀자를 높여 이르는 말.
○ **아가씨**　처녀나 젊은 여자를 가리키거나 부르는 말.
○ **색시**　갓 시집온 젊은 여자 혹은 술집의 접대부를 이르는 말.

친구도 '정인'이
될 수 있다

애인, 연인, 정인

애인 ◀━ 비슷한 말 ━▶ 연인 ◀━ 관련된 말 ━▶ 정인

◆ **애인**

"운명의 장난이란 새록새록 공교롭구나. 저와 정혼한 남자가 저의
<u>애인</u>을 구해 낼 줄이야." (현진건,《무영탑》)

'애인(愛人)', '연인(戀人)', '정인(情人)'은 모두 사랑하는 사람을 표
현한 말이지만 그 뜻은 미묘하게 다르다. 먼저 애인은 서로 정을
나누며 마음속 깊이 사랑하는 사람을 이르는 말이다. 다시 말해,
사랑을 나누는 사람이며 대체로 육욕을 동반한다. '사랑 없는 인

생은 여름 없는 일 년과도 같다'라는 스웨덴 속담은 애인의 속성
이 뜨거운 사랑에 있음을 일러 준다.

동일한 한자 문화권이라도 나라에 따라 애인의 의미는 다르다.
일본에서는 애인(아이진)이라는 표현이 불순한 성적 관계를 의미하
므로 가려서 써야 한다. 우리나라의 애인에 해당하는 일본어는 연
인(코이비토)이다. '아이(愛)'는 부모, 남녀, 동물 등 넓은 의미의 사랑
이고, 남녀 사이의 사랑은 '코이(戀)'라고 말하는 차이점이 있다.

우리말에서 애인은 애정을 나누는 '특정인'을 강조하고, 연인은
서로 사랑하는 관계에 있는 두 사람을 가리킨다. 다음 문장은 우
리말 한자어 애인과 연인의 쓰임새를 잘 보여주고 있다.

자기보다 자격이 월등한 경쟁자에게 자기 **애인**을 칭찬하는 어느
어리석은 **연인**의 짓이나 같은 짓이라는 것을 깨달았다. (수필 공원
1993.겨울호)

◆ 연인

"젊은 **연인**들 어깨 위에는 눈과 같은 벚꽃의 낙화가 견장처럼 떨어
지고 있었다." (최인호, 《돌의 초상》)

그리워할 연(戀)이란 한자의 음훈에서 알 수 있듯, 연인은 육체

적 사랑에 관계없이 사모하고 그리워하는 사람을 이른다. 그 연장선상에서 '고막 연인'이란 신조어도 생겼다. 실제 사귀는 관계는 아니지만 연인처럼 달콤한 목소리로 말하거나 노래를 불러 주는 이성을 일컫는 말이다. 주로 듣기 좋은 목소리를 가진 가수나 라디오 진행자를 가리키며, 출퇴근길 전철에서 이어폰을 낀 채 고막 연인의 목소리를 들으며 지친 일상을 달래는 사람이 많다.

"수요에 공급이 따라오듯, 고막 **연인**이란 신조어의 등장 뒤엔 퍽퍽한 청춘들의 삶이 있다." (텐아시아 2017.6)

◆ **정인**

"반가운 **정인**을 만나려는 애인의 마음이었을까요?" (나도향, 《별을 안거든 울지나 말걸》)

애인과 연인이 그리워하거나 소중히 아끼는 사람을 나타내는 말이라면, 정인은 마음이 잘 통하는 친한 친구를 이르는 말이다. 조선 시대 부안 기생 이매창과 선조대의 문인 유희경의 이야기에서 정인이 어떤 존재인지 확인할 수 있다. 1592년 처음 만난 두 사람은 스물여덟 살이나 나이 차이가 났음에도 시를 무척 좋아하는 공통점으로 인해 바로 정인이 되었다. 그때까지 어떤 남자에게도 정을 주지 않았던 이매창과 평소 여자를 멀리했던 유희경은 시(詩)로 대화를 나누었고 서로를 문학적 동반자로 여겼다.

유희경이 한양으로 돌아간 뒤 이매창은 1601년 해운판관으로 부안에 들렀던 허균에게 호감을 가지긴 했지만, 마음에는 오직 정인으로서의 유희경이 늘 자리 잡고 있었다. 역시 시문에 능한 허균은 이매창과 진솔한 대화를 나누며 사랑을 느꼈으나 그에게 이미 정인이 존재하고 있음을 알고서 여자가 아닌 친구로 대해 주었다.

이매창은 유희경과 15년이나 떨어져 지내다가 1607년 한양에서 재회하여 감격의 눈물을 흘렸다. 그러나 이내 신분적 한계를 느끼며 낙담했고, 오랜 가슴앓이로 생긴 기침병이 심해지자 부안으로 내려와 1610년 37세의 나이에 쓸쓸하게 죽었다.

이처럼 정인은 마음이 통해 진정으로 사귀는 사람을 뜻했지만, 한편으로 남몰래 정을 통하는 남녀 사이에서 서로를 이르는 말로도 쓰였다. 다시 말해, 조선 시대의 정인은 요즘의 애인에 해당하는 말이었고, 근대에 이르러 애인이란 말에 밀려 잘 쓰이지 않게 되었다.

우리말 사전

- **애인(愛人)** 서로 애정을 나누며 마음속 깊이 사랑하는 사람.
- **연인(戀人)** 서로 연애하는 관계에 있는 두 사람.
- **정인(情人)** 진정으로 사귀는 사람.

'인연'이 있다고
'정분'이 나는 것은 아니다

연분, 인연, 정분

연분 ← 비슷한 말 → **인연** ← 관련된 말 → **정분**

◆ **연분**

"여러 가지로 구격이 맞는 그런 혼처가 좀처럼 생기기 어려운 노릇인데 그게 다 **연분**이라는 것이니라." (채만식, 《탁류》)

'연분(緣分)'은 사람들 사이에 맺게 되는 관계를 이르는 한자어이다. 의복의 가장자리를 싸서 돌린 선을 연(緣)이라 하고 이는 나뉜(分) 부분을 이은 것이므로, 같은 맥락에서 서로 이어진 인간관계를 연분이라고 한다. 같은 학교를 다녀서 연결된 관계는 학연(學

緣), 고향이 같으면 지연(地緣), 핏줄로 이어졌으면 혈연(血緣)이다.

같은 고아의 처지로 오랜 시일 서로 의지하고 정을 나눈 각근한 **연분**은 유다른 바가 있었다. (김성한,《전회》)

연분은 둘을 이어 주는 끈끈한 정이기에 '길에 돌도 연분이 있어야 찬다'라는 속담도 생겼다. 아무리 하찮은 일이라도 인연이 있어야 이루어질 수 있음을 비유적으로 이르는 말이다.

여러 연분 중 남녀 간에 사랑으로 이어진 관계는 특별하기에, 남녀 간의 연분은 하늘이 베푼 인연, 부부가 되는 인연이란 뜻도 지니고 있다. 예컨대, '천생연분에 보리개떡'이란 속담은 잘 어울리는 사람끼리 사랑하는 관계를 맺어 의좋게 사는 경우를 이른다. 작가 윤흥길은 소설《빛 가운데로 걸어가면》에서 '자기허고 나허고는 참말로 천생연분에 보리배필이여'라고 표현한 바 있다.

◆ **인연**

"모든 **인연**에서 자유로워지려는 게 내 결심이었다. 내게는 가족이 없으니까 그럴 수 있다고 믿었다." (최인훈,《회색인》)

유의어 '인연(因緣)'은 일본에서 연분보다 더 많이 쓰는 낱말이다. 서로의 연분을 이르는 인연은 혼자만의 의지로 만들기 힘들다. 수필가 피천득은 수필집 《인연》에서 다음과 같이 말했다.

그리워하는 데도 한 번 만나고는 못 만나게 되기도 하고, 일생을 못 잊으면서도 아니 만나고 살기도 한다.

불교에서는 인연을 원인이 되는 결과의 과정이라고 말한다. 다시 말해, 인은 결과를 만드는 직접적인 힘이고, 연은 그를 돕는 외적이고 간접적인 힘이다. 잘 어울리는 인연은 행복하지만, 잘못 맺어진 인연은 고통을 준다. 그렇기에 법정 스님은 "함부로 인연을 맺지 말라"라고 설파했다. 그렇지만 대체로 연분이 생기면 인연을 맺곤 한다.

◆ 정분

"신석주가 그만한 가급까지 내어놓은 이면에는 필경 조 소사와 나누었던 그 하룻밤 <u>정분</u> 이외는 용납할 수 없다는…." (김주영, 《객주》)

또 다른 유의어 '정분(情分)'은 사귀어서 든 정 또는 정이 넘치는 따뜻한 마음을 뜻한다. 김주영 소설 《객주》에 나오는 '당초부터 정분 두고 나리께 살 수청을 든 것은 아니었지 않습니까'라는 문장이 잘 나타내고 있다.

일반적으로 정분이 들면 친근감을 느끼고, 혼인하여 함께 살면 정분이 나는 법이며, 오래 사귀거나 같이 지내면 정분이 두터워지므로 염상섭은 《무화과》에 다음과 같이 썼다.

"이렇게 옛날 애인하고 묵은 <u>정분</u>이나 생각하며 이야기하는 게 좋지 않은가?"

정분은 사전적으로는 사귀어서 정이 든 정도를 나타내지만, '하룻밤 정분'처럼 남녀가 맺은 육체적 관계를 이르는 경우도 많다. 문순태의 소설 《타오르는 강》 속 '그녀는 목포에 옮겨 온 이후로 어떤 남정네와도 정분나는 일이 없었다'라는 문장은 바람난 적이 없었다는 뜻이다.

 우리말 사전

○ **연분(緣分)**　사람들 사이에 맺게 되는 관계.
○ **인연(因緣)**　사람과 사람 사이의 연분.
○ **정분(情分)**　사귀어서 든 정.

존경심을 나타내기
위한 말

태두, 거성, 거목

태두 ← 관련된 말 → 거성 ← 관련된 말 → 거목

◆ 태두

"선유동 계곡에는 유학의 <u>태두</u> 퇴계 이황 선생을 첫눈에 반하게 만든 <u>빼어난</u> 산수가 있다." (충북일보 2014.2.)

살다 보면 사회적으로 존경을 받거나 자기 분야에서 매우 뛰어난 재능을 보이는 이들을 만난다. 우리는 그들을 보며 "와, 대단하다!"라고 감탄하는데, 가끔 '대단하다'라는 표현이 아쉬울 때가 있다. 특정한 인물을 칭송하거나 그의 업적을 강조하고 싶을 때 특히 그렇다. 대단하다는 말은 몹시 크거나 출중하게 뛰어남을 뜻하지만, 또한 매우 심한 상태를 의미하는 까닭이다.

이런 경우 칭찬 목적에 따라 '태두(泰斗)', '거성(巨星)', '거목(巨木)' 중에서 골라 쓴다면 그런 아쉬움을 해결할 수 있다. 그러려면 각 낱말의 유래를 먼저 알아야 한다.

중국 오악 중의 하나인 태산(泰山)은 중국인들이 신성하게 여기는 영산(靈山)이다. 흔히 큰 것을 비유할 때 '태산만 하다'라고 말하므로 무척 높은 산으로 알고 있지만, 실제 높이는 1,450미터로 백두산보다 낮다.

옛날 중국 천자가 제후들과 회동하던 곳이었기에, 고대 중국에서 새로운 왕조가 탄생하거나 태평성대를 누렸을 때 태산에서 그 감사함을 천지신명께 고하는 풍속이 있었다. 이때 하늘의 신령(天神)에게 올리는 제사는 태산 정상에서 북두칠성(北斗七星)을 향해 올렸다. 북두칠성을 뭇 별의 중심으로 생각했기 때문이다.

또, 땅을 다스리는 신령(地神)에게 올리는 제사는 양보산에서 지냈는데, 반드시 태산을 향해 절을 올렸다. 태산을 지신이 깃든 곳이라고 여긴 까닭이다. 이에 연유하여 중요한 존재를 일러 '태산북두(泰山北斗)'라 말했으며, 훗날 훌륭한 업적을 남긴 사람에게 붙이는 존칭으로 그 뜻이 바뀌었다.

태두로 불린 최초의 사람은 당나라 대문호 한유(韓愈)이다. 중국 문학사상 최고 문장가로 손꼽히는 한유는 이태백, 두보, 백낙천과 더불어 당나라 4대 시인 가운데 하나이기도 하다. 그는 당나라에 성행했던 겉치레 수식만 일삼을 뿐 내용이 없는 문장을 타파하고, 인간미 넘치는 문장으로 일세를 풍미했다. 그의 문장은 맹자와 겨룰 수 있다고 극찬하는 사람들도 있었다. 《당서(唐書)》의 〈한유전(韓愈傳)〉에 다음과 같이 그를 칭찬하는 말이 나온다.

당나라가 일어난 후로 한유는 육경의 문장을 가지고 모든 학자를 가르치고 인도하는 도사가 되었다. 그리하여 학문과 문장이 나날이 흥해서 사람들은 그를 <u>태산북두</u>처럼 우러러 존경했다.

이처럼 천자의 제사 의식에서 유래한 태산북두는 본래 세상 사람의 추앙을 받을 만한 사람을 비유하는 말인데, 지금은 '어떤 방면의 권위자'라는 뜻으로 쓰이고 있다. 태산북두를 줄여서 태두라고 말한다.

'국어학계의 태두', '역사학의 태두', '유학계 태두', '실학의 태두'처럼 주로 훌륭한 학문적 업적을 남긴 사람에 대한 존칭으로 쓰지만, 다른 분야에서 가장 권위 있는 사람에게도 쓴다.

"한국 정치사상사 <u>태두</u>… 한평생 학문연구·후학양성에 헌신" (문화일보 2023.6.7.)

◆ 거성

"가난한 이 겨레의 살림을 걱정하시고 국가의 장래를 염려하시던 민족의 <u>거성</u>은 마침내 가고 있습니다." (최일남, 《거룩한 응달》)

이에 비해 '거성(巨星)'은 어떤 방면의 뛰어난 인물을 비유적으로 이르는 말이다. 1905년 덴마크 천문학자 헤르츠스프룽이 동일한 온도임에도 불구하고 상당한 광도 차이를 보이는 별들을 구분하고자 거성(giant star)과 왜성(dwarf star)이라는 용어를 사용하기 시작했다. 거성은 항성 중에서 반지름과 절대 광도가 큰 별을 가리켰으므로, 이에 비유하여 어떤 분야에서 훌륭한 업적을 남긴 인물을 이르기도 했다.

두 말 모두 비유어로써 쓰이며, 태두는 넘볼 수 없는 권위를 강조하고 거성은 업적을 강조한다는 차이점이 있다.

◆ 거목

"심환지는 벽파의 <u>거목</u>이었으나 약용과는 사돈지간이기도 했다."

(황인경, 《소설 목민심서》)

그런가 하면 '거목(巨木)'은 큰 인물을 표현한 말이다. 여느 나무보다 훨씬 거대한 나무에 신령이 깃들어 있다고 믿은 거목신앙(巨

木信仰)에서 비롯됐으며, 심리적으로 크게 생각하는 인물을 숭배하는 거목에 비유한 말이다.

태두와 거성은 사회적 평가 및 업적을 바탕으로 하고 있지만, 거목은 사회적이든 개인적이든 가리지 않고 공적에 상관없이 위대하거나 크게 여겨지는 인물을 가리킬 때 쓴다.

장개동의 마음속에 그의 아버지는 언제나 우람한 **거목**으로 자리 잡고 있었다. (문순태, 《타오르는 강》)

그러므로 누군가의 권위나 업적 혹은 위대함을 강조하고 싶다면 태두, 거성, 거목의 의미를 제대로 헤아려서 써야 한다.

 우리말 사전

○ **태두(泰斗)**　세상 사람으로부터 존경을 받거나 어느 방면에서 권위 있는 사람.
○ **거성(巨星)**　어떤 방면에서 훌륭한 업적을 남긴 인물.
○ **거목(巨木)**　큰 인물을 비유적으로 이르는 말.

제4장

표현 하나만 바꿔도
지적인 삶이 된다

성숙함을 더하는 단어

그 아이는 우리 가문의 '대들보'이다

기둥, 대들보, 동량

대들보 ← 비슷한말 → 기둥 ← 비슷한말 → 동량

◆ **기둥**

"원두막은 <u>기둥</u>이 기울고 지붕도 갈래갈래 찢어져 있었다. 그런대로 비가 덜 새는 곳을 가려 소녀를 들어서게 했다." (황순원,《소나기》)

기둥의 어원은 '긷'이다. 15세기 문헌에 긷과 긷에 접미사 '-동'이 결합한 '기동'이 더불어 쓰였고, 후에 '기둥'이 되어 현재에 이르렀다.

주되는 기둥뿌리를 '긷불휘'라고 한 데서 알 수 있듯 본래 기둥은 주춧돌 위에 세워 보나 도리 따위를 받치는 나무를 이르는 말이다. 주로 나무로 건물을 지은 우리나라에서는 어떤 물건을 밑에서 위로 곧게 받치거나 버티는 나무를 기둥이라고 했다. 나무가 아닌 다른 재료일 경우 구리기둥, 황금기둥 등으로 구분해서 말했다.

먼저 기둥을 세우고 그보다 가느다란 서까래를 얼기설기 엮은 뒤 기와를 얹으면 지붕이 완성된다. '기둥보다 서까래가 더 굵다'라는 속담은 주된 것과 그에 따르는 것이 뒤바뀌어 사리에 어긋남을 의미한다.

이처럼 기둥은 건축물의 근간이므로 집안의 믿음직한 기둥, 나라의 기둥처럼 집안이나 단체, 나라 따위에서 의지가 될 만한 중요한 사람을 이르기도 하지만, 대체로 개인 또는 집안에 관련한 비유어로 많이 쓴다.

- 이미 환국은 성인으로서 가장과도 같은 집안의 <u>기둥</u>이었다. (박경리,《토지》)
- 들몰댁으로서는 시아버지가 계시지 않는 집은 상상할 수가 없었다. 시아버지는 남편을 대신하는 마음의 <u>기둥</u>이었다. (조정래,《태백산맥》)
- 가정적으로 외로운 둘이 서로 의지할 <u>기둥</u>을 가지게 되었다는 것에 나는 감격했고, 남매의 사랑이 흙 속에 묻히는 날까지 계속될 것을 축원했다. (윤흥길,《묵시의 바다》)

◆ 대들보

"**대들보**를 갈아야 집이 튼튼하고 오래 간다고 하는 사람도 있고, 또 어떤 이는 서까래만 갈더라도 지붕만 새로 잘 이으면 된다고도 합니다." (정종명,《신국》)

기둥이 수직으로 중심이 되는 존재라면, '대들보'는 수평으로 중심이 되는 존재라고 볼 수 있다. '들보'는 칸과 칸 사이의 두 기둥을 건너지르는 나무를 가리키고, 집을 받치는 가장 큰 들보는 대들보이기에 한 집안의 중심이 되는 사람을 대들보에 비유하기도 한다.

그리고 기와에 비해 대들보의 비중이 더 크므로 '기와 한 장 아끼다가 대들보 썩힌다'라는 속담이 나왔다. 조그마한 것을 아끼려다가 오히려 큰 손해를 본다는 뜻이다.

또한 집이 방치되면 기와가 부서지고 대들보가 상하기에 '집구석이 망하려면 대들보가 먼저 내려앉는다'라는 말도 생겼다. 다음 인용문에서 보듯 대들보 역시 기둥처럼 중심인물을 강조할 때 쓰인다.

- "장차 당의 **대들보**가 될 사람을 내 멋대로 처리할 순 없어." (이병주,《지리산》)
- "고려를 좀먹게 하고 백성을 병들게 하는 자는 모두 다 자칭 국

가의 <u>대들보</u>요, 기둥이라 하는 세록지신들이올시다." (박종화, 《다정

불심》)

기둥과 대들보 모두 중요한 사람을 강조할 때 쓴다. 다만, 기둥
은 기대어 의지할 수 있음에 방점이 찍혀 있고, 대들보는 무너지
지 않도록 해 주는 것이라는 미묘한 차이가 있다.

◆ 동량

"군(君)은 군의 가정의 <u>동량</u>이다. 동량이 없는 집이 어디 있으랴?"

(최서해, 《탈출기》)

기둥과 들보를 함께 이르는 '동량(棟梁)'도 한집안이나 한 나라
를 떠받치는 중대한 일을 맡을 만한 인재를 가리킬 때 종종 쓰는
말이다. 모두 집과 지붕을 떠받치는 중요한 재료이기에 덕망 있고
능력 뛰어난 사람을 '동량지재(棟梁之材)'라고 했는데, 이가 줄어 동
량이 되었다.

하나가 아닌 둘 이상이 엮인 것이므로 장차 나라의 동량이 될
어린이들, 나라의 내일을 걸머질 훌륭한 동량을 배출하는 대학,
국가의 동량인 정치 지도자 따위처럼 대체로 국가적 인재를 가리
킬 때 동량이라 한다.

"미래약학 이끌어갈 <u>동량</u>, 대한약학회가 주목한 '신진 약학자들'"

(팜뉴스 2024.4.23.)

 우리말 사전

○ **기둥**　밑에서 위로 곧게 받치거나 버티는 나무.
○ **대들보(大들보)**　작은 들보의 하중을 받기 위하여 기둥과 기둥 사이에 건너지른 큰 들보.
○ **동량(棟梁)**　기둥과 들보를 아울러 이르는 말.

'고견'이 뛰어난 사람, '탁견'을 내놓는 사람

일가견, 일척안, 고견, 탁견

일척안

↑
비슷한 말
↓

일가견

↗ 관련된 말 　　　 관련된 말 ↖

탁견　　　　　　　　　고견

◆ 일가견

"스스로를 춤쟁이로 묘사할 만큼 그는 원래부터 댄스 분야에서는 <u>일가견</u>이 있었다." (스포츠경향 2011.2)

　살다 보면 지식이나 지혜가 필요한 순간이 있는데, 이때 만족할 만한 지혜를 찾기란 쉬운 일이 아니다. 나이를 많이 먹었다고 저절로 지혜가 생기는 것도 아니고 저마다 해결해야 할 상황이 다른 까닭이다. 그래서 언제 어느 때든 지혜로운 사람을 보기란 무척 어렵다.

불가에 '삼혜(三慧)', 즉 부처의 가르침을 깨달아 알게 되는 세 가지 지혜라는 말이 있다. 경전(經典)을 보고 들어서 얻는 문혜(聞慧), 진리를 생각하고 관찰하여 깨닫는 사혜(思慧), 마음이 하나의 경지에 정지하여 흐트러짐이 없는 수혜(修慧)가 그것이다. 이 중에서 사혜로의 진입 초기 단계가 가장 어렵고 위험하다. 나름대로 어느 정도 전문적 견해를 지니게 됐다는 오만함이 지혜의 발걸음을 더 이상 앞으로 나가지 못하게 방해하기 때문이다.

일반 사회에도 그런 사람이 있다. 어떤 분야에 대해 조금 아는 지식으로 전부 아는 듯 말하는 사람, 오래 일한 경험을 대단한 진리처럼 자랑하는 사람, 반복 연습으로 닦은 실력을 천재적 재능으로 포장하는 사람 등이 그렇다. 물론 어떤 면에서 그들은 '일가견(一家見)'이 있는 사람이다. 일가견은 어떤 문제에 대하여 일정한 체계의 전문적인 견해를 이르는 말이다.

해마다 새로운 유행어를 낳을 정도로 패션을 이끄는 디자이너, 나무로 무엇이든 뚝딱 만들어내는 목수, 무슨 내용이든 재미있게 풀어내는 이야기꾼, 냉장고에 있는 재료로 맛난 음식을 만들어 내는 요리사는 모두 독자적인 경지에 이르러 나름 일가견을 가진 전문가이다. 하여 누군가의 전문성을 높이 평가할 때 "일가견이 있다"라고 말하는 일이 많다.

그런데 일가견은 일본어 잇카겐(いっかげん)을 우리식으로 발음

한 한자어이다. 이 말은 본래 일본에서 하나의 가문이나 학파에서 나오는 독특한 견해나 의견을 이르다가 자기만의 독특한 주장이나 학설을 의미하게 됐다. 그리고 우리나라에 전해져, 어떤 분야에 대해 개인적으로 쌓은 체계적이고 전문적인 지식을 뜻하게 됐다.

◆ 일척안

"<u>일척안</u>으로 실상을 꿰뚫어 보라!" (불교신문 2011.2)

일가견이 오랜 기간 해당 분야에서 경험과 학습을 통해 형성한 독자적인 경지나 체계를 이룬 견해를 의미한다면, '일척안(一隻眼)'은 사물을 간파하는 비범한 식견을 가리키는 말이다. 송나라 때의 불서《벽암록(碧巖錄)》에서 깨달은 경지에 도달한 이를 일척안이라 지칭한 데서 유래했으며, 이에 연유해 도를 보는 또 다른 눈, 두 개의 육안(肉眼)이 아닌 하나의 심안(心眼), 지혜의 눈, 실상을 꿰뚫어 보는 올바른 눈이란 의미로 통용됐다. 서산 대사는 사명을 처음 만났을 때의 느낌을 "사문(沙門)의 일척안 안광이 팔방을 비추니"라고 밝히며 극찬한 바 있다. 나아가 일반인에게는 '한 가지 재주나 예능에 탁월한 능력을 지닌 사람'이란 뜻으로 일척안이라 말하기도 한다.

◆ 고견

"다른 사람들의 백 마디 <u>고견</u>보다 형님의 한마디 실화가 더 요긴한

거예요." (이영치, 《흐린 날 황야에서》)

일척안이 사물을 전체적으로 통찰하는 안목이라면, '고견(高見)'

은 특정 분야에 대한 탁월한 의견이다. 어떤 일에 대한 선생님의

고견을 듣고 싶다거나 그분의 고견이 큰 힘이 됐다는 등 누군가의

뛰어난 의견이나 생각을 높여 말할 때 쓴다. 한자어인 고견의 우

리말 순화어는 '좋은 생각'이다.

◆ 탁견

"집현전의 개수와 직제를 확장하였으니 이것이야말로 오늘날의

'아카데미'에 해당되는 기관으로써 이러한 세종의 착안과 <u>탁견</u>에

는 놀라지 않을 수 없다." (이숭녕, 《대학가의 파수병》)

일가견과 고견이 특정 분야에서 깊은 지식과 통찰력을 바탕으

로 형성된 개인적 견해라면, '탁견(卓見)'은 경험 여부에 상관없이

두드러진 의견이나 견해를 나타낸 말이다. 깊이 연구해서 얻은 깨

우침이든 순간적 번뜩임으로 찾아낸 지혜이든 일반적인 생각보다

단연코 두드러진 견해가 바로 탁견이다.

한 분야에서 오래 일하면 대체로 일가견을 이룰 수 있으나, 탁견은 전문가라 해도 아무나 내놓지 못한다. 그러하기에 기업 홍보실에서는 소비자의 취향을 읽어 내는 탁견을 찾으려 노력하고, 부흥을 꿈꾸는 지방 도시들은 관광객의 발길을 잡아당길 탁견을 찾고자 애쓴다. '탁견'에 대응하는 순화어는 '뛰어난 의견'이지만 함께 써도 무방하다.

우리말 사전

- **일가견(一家見)** 어떤 일에 관하여 일정한 경지에 오른 안목이나 견해.
- **일척안(一隻眼)** 사물을 간파하는 비범한 식견.
- **고견(高見)** 뛰어난 견해나 생각.
- **탁견(卓見)** 두드러진 의견이나 견해.

국회의원 후보는
'자천타천' 언론에 오르내린다

천거, 추천, 자천타천

천거 ◀— 비슷한 말 —▶ 추천 ◀— 관련된 말 —▶ 자천타천

◆ 천거

"허물이 있는데도 고치지 않거든 그들 스스로 태벌을 가하게 하고, 마을에 선행을 하는 자가 있거든 그를 <u>천거</u>하여 조정에 알릴 것이 며…." 《조선왕조실록》〈선조실록〉

예나 지금이나 올바르고 유능한 지도자는 적재적소에 맞는 인재를 찾고자 애써 왔다. 왕조 시대에는 재능 많은 인재를 '천거(薦擧)'케 하여 관리 후보로 삼는 한편, 과거를 실시해 숨은 인재를 뽑

았다. 오늘날에도 믿을 만한 사람으로부터 추천받거나 시험으로 인재를 선발하고 있다.

아주 오래전부터 있던 천거는 관리로 등용할 수 있는 인재 추천을 이르는 말이다. 조선 시대 중앙과 지방의 정3품 이상 벼슬아치에게는 인재 세 명을 추천할 의무가 있었으며, 인재를 추천하는 사람을 거주(擧主)라고 했다. 만약 추천된 사람이 적임자가 아님이 밝혀지면 거주도 연대 책임을 져야 했으니, 그만큼 신중히 추천하라는 뜻이었다. 또 추천한 사람이 벼슬에 임명된 뒤 죄를 저지르면 거주는 공동 책임을 지고 문책을 당했다.

여러 번 천거됐음에도 벼슬길에 나서지 않은 선비도 가끔 있었으나 일반적으로 천거되어 등용된 자는 믿는 사람이 소개한 믿을 만한 인재이므로 출세가 보장되었다. 오늘날에도 천거는 인재를 찾는 유용한 수단이며, 공직이 아니더라도 후임자를 고를 때 전임자가 누군가를 천거하는 일이 많다.

- 송 선생이 텔레비전 방송국의 운영 위원으로 발탁되어 그 후임자로 내가 <u>천거</u>된 것이었다. (김원우, 《짐승의 시간》)
- 지현이 과거를 보지 않고 집에 있을 때, 신립이 전라 병사가 되니, 그의 <u>천거</u>로 부장이 된 일이 있고…. (박종화, 《임진왜란》)

◆ 추천

"십팔 세가 되던 해 그는 고을 사또의 <u>추천</u>을 받고 과장에 나갔다."

(유현종, 《들불》)

천거가 어떤 일을 맡아 할 수 있는 사람을 그 자리에 쓰도록 소개하는 일을 이른다면, '추천'은 어떤 조건에 적합한 대상을 책임지고 소개함을 의미하는 말이다. 추천에는 소개하는 사람의 권위나 신뢰 그리고 책임이 담겨 있다.

조선 영조 때 의관들은 보중익기탕이 매우 좋다면서 적극적으로 추천했고, 신춘문예나 신인상 현상 공모가 시행되기 전에는 문인으로 등단하려면 권위 있는 작가의 추천을 받아야 했으며, 노벨상을 받으려면 우선 공신력 있는 단체로부터 추천을 받아야 한다. 또한 고교 수험생은 선생님의 추천을 많이 참조해 진로를 결정하고, 영화를 보려는 사람들은 평론가의 추천이나 시청자들의 평가를 참조하며, 음식에 관심 많은 미식가는 요리사가 추천해 주는 요리를 즐긴다.

"대통령실 수사할 '채 상병 특검', 사실상 민주당에 <u>추천</u>권" (동아일보 2024.5.2.)

◆ 자천타천

"**자천타천**으로 후보를 추천해 주민들의 이의가 없으면 선출되는 방식입니다." (KBS뉴스 2024.1.)

이처럼 천거와 추천이 어느 정도 권위 있거나 전문성을 지닌 사람의 영역이라면, '자천타천'은 남이 아닌 자신이 스스로를 추천하거나 다른 사람이 자신을 추천하는 일을 아울러 이르는 말이다.

선거철이 되면 자천타천 후보로 거명되는 인물이 있기 마련이고, 자천이든 타천이든 후보로 나선 사람들의 표를 얻기 위한 활동이 치열해진다. 국회의원 후보는 늘 자천타천 언론에 오르내리고, 유력 기관장 후보도 물밑에서 자천타천 경쟁을 벌인다. 자천타천의 어원은 '자천(自薦)'이다,

자기를 천거하는 일을 뜻하는 자천은 중국 고사에서 유래했다. 진나라가 조나라의 도읍을 포위하자 평원군이 초나라에 가서 구원병을 청하려 했다. 평원군이 식객 스무 명을 선발하면서 마지막 한 명을 뽑느라 고심할 때였다. 모수(毛遂)라는 자가 나서서 자신을 천거했다. 평원군은 못마땅하게 생각하여 이렇게 말했다.

"현자라면 주머니 속의 송곳과 같이 저절로 뚫고 나오는 법인데 그대는 내 식객이 된 지 3년이나 되었으면서도…."

이에 모수도 지지 않고 말했다.

"그래서 지금 주머니 속에 넣어 주십사 하고 간청하는 것입니다."

모수는 겨우 일행에 끼었으나 아무도 그를 상대해 주지 않았다. 그렇지만 초나라에서 모수의 진가가 발휘되었다. 식객 10여 명이 초왕을 설득했지만 허사였다. 그러자 다들 모수를 천거하면서 마지막 설득을 요구했다. 모수는 비수를 들고 단상으로 올라가 초왕을 노려보면서 말했다.

"왕께서는 초나라의 백만 대군을 믿고 계시겠지만, 저는 지금 왕의 지척에 와 있습니다. 이제 왕의 목숨은 이 손 안에 있습니다."

그의 협박성 애원에 마침내 초왕은 원병을 허락했다. 이에 유래하여 '모수자천' 또는 '자천'이란 말이 나왔고, 뒤에 '타천'을 붙여 자천타천이란 말도 쓰게 됐다.

 우리말 사전

○ **천거(薦擧)** 인재를 어떤 자리에 추천하는 일.
○ **추천(推薦)** 어떤 조건에 적합한 대상을 책임지고 소개함.
○ **자천타천(自薦他薦)** 스스로를 추천하거나 다른 사람이 자신을 추천하는 일을 아울러 이르는 말.

지나간 인연에
'연연하지' 마라

미련, 집착, 연연하다

집착 ◀── 다른 말 ──▶ **미련** ◀── 관련된 말 ──▶ **연연하다**

◆ 미련

"흙에서 헤어나지를 못하면서도 흙에 대한 <u>미련</u>을 버리지 못하는 아버지가 가엾기까지 했었다." (이무영,《제일과 제일장》)

흔히 미련을 버리지 못한다고 말할 때의 '미련(未練)'은 '깨끗이 잊지 못하고 끌리는 데가 남아 있는 마음'을 뜻한다. 바꾸어 말해 생각을 딱 끊지 못하고 계속 품고 있는 감정이 곧 미련이다.

미련의 런(練) 자는 본래 펼쳐 놓은 명주(明紬)를 의미하며, 사람이 죽은 뒤 일 년 만에 지내는 제사인 소상(小祥) 때 입는 상복(喪服)을 가리킨다. 옛날에는 부모님이 돌아가시면 3년 동안 상복을 입었다. 처음에는 명주실로 무늬 없이 짠 피륙을 입었고, 만 1년이 지나면 거친 명주로 지은 연복(練服)을 입었다.

따라서 한자어 미련을 직역하면 부모님이 죽은 뒤 1년이 지나지 않아 아직 연복을 입을 때가 되지 않았음을 의미한다. 세상을 떠난 부모님을 여전히 그리워하며 애틋하게 남은 감정이 미련인 것이다.

이처럼 미련은 돌아가신 부모에 대한 그리움을 담은 말이지만 다양한 방면에서 '품었던 감정이나 생각을 딱 끊지 못함'을 이르는 말로 쓰이고 있다. 말다툼하다 화가 나서 미련 없이 자리를 떠나고, 목돈을 벌면 고생하며 산 집에 미련을 두지 않고 새집으로 이사 가고, 비장한 결심을 하면 잡다한 일에 미련을 버리게 된다. 박종화의 《임진왜란》에서 미련의 쓰임새를 재차 확인할 수 있다.

저승에 있는 애인의 품 안으로 돌아가려는 논개에게 아무런 **미련**이 있을 까닭이 없었다.

그러나 한자어가 아닌 우리말 미련은 전혀 다른 뜻을 지닌다. 이 경우의 미련은 터무니없는 고집을 부릴 정도로 매우 어리석고 둔함을 가리킨다. 몹시 미련한 사람을 낮잡아 이르는 '미련퉁이'는 미련에 사람의 성질을 나타내는 접미사 '-퉁이'를 합친 말이고, 강원도 사투리로는 '미련곰탱이'라고 말한다. 이만희 희곡집 〈월인〉에 다음과 같은 문장이 보인다.

왕오는 거구여서 듬직해 보이기도 하고 그만큼 **미련**해 보이기도 한다.

덩치는 크나 영리하지 못한 사람이나 동물을 미련하다고 했으며, 주로 굼떠 보이는 곰을 그렇게 생각했기에 '미련하기는 곰일세'라는 속담이 생겼다. 아주 미련한 사람을 비유적으로 이르는 말이다.

◆ **집착**

"탐욕을 버리기 위해서는 먼저 도영에 대한 저 끈끈한 **집착**을 끊고 마음을 비울 일이다." (유홍종, 《사바로 가는 길》)

이에 비해 '집착(執着)'은 어떤 일이나 사물에 늘 마음이 쏠려 잊지 못하고 매달림을 뜻한다. 돈을 유난히 밝히면 재산에 집착하고, 부모는 못다 이룬 자신의 꿈을 대신하기를 바라며 아이 교육에 집착한다. 독재자는 권력을 향한 집착을 떨치지 못해 무리한 일을 벌이고, 수집가들은 마음에 드는 물건을 발견하면 그걸 구입할 때까지 집착에서 벗어나지 못하며, 대부분 사람은 사랑할수록 상대에게 집착하며 나아가 공생적으로 하나가 되려 하는 경향이 있다.

집착이 지나치면 말썽이 일어나기에 불교에서는 집착과 탐욕에서 벗어나야 해탈할 수 있다고 말한다. 사귀고 있거나 이미 헤어진 상대에게 집착하는 집착남, 집착녀는 때때로 상대를 불편하게 만들 수 있으므로 정도를 벗어나지 않는 게 바람직하다.

나는 난초에 너무 집념해 버린 것이다. 이 집착에서 벗어나야겠다고 결심했다. (법정, 《무소유》)

◆ 연연하다

"당보다는 오직 자기만의 이익에 **연연해** 했다." (뉴시스 2024.1.)

미련과 집착과 연관 있는 '연연하다'의 어근은 '연연(戀戀)'이다. 그리워하고 그리워한다는 말이며, 기본적으로 애틋하게 그리워함을 나타낸다. 그런데 그런 상태는 마음을 온통 한곳으로 빼앗긴 상황이므로 연연하다는 말은 집착하여 미련을 가진다는 의미로 쓰이게 됐다.

출세욕이 강한 사람은 벼슬에 연연하고, 명예나 상금을 노리는 운동선수는 기록에 연연하며, 공연을 보고자 하는 사람은 관람하기 좋은 자리에 연연하지만, 어떤 일이든 마음을 비운 사람은 자리나 성적에 연연하지 않는다.

우리말 사전

○ **미련(未練)**　깨끗이 잊지 못하고 끌리는 데가 남아 있는 마음.

○ **집착(執着)**　어떤 것에 늘 마음이 쏠려 잊지 못하고 매달림.

○ **연연하다(戀戀하다)**　집착하여 미련을 가지다.

'출중'은 여럿이고 '백미'는 하나다

백미, 출중, 군계일학, 쩍말없다

◆ 백미

"전시와 함께 다양한 도자 체험 프로그램도 경기 세계 도자 비엔날레의 놓칠 수 없는 **백미**였다." (국제뉴스 2015.5.)

'백미(白眉)', '출중(出衆)', '군계일학(群鷄一鶴)'은 모두 두드러진 것을 이르는 낱말인데, 그 의미는 미묘하게 다르다.

먼저 백미는 흰 눈썹이라는 뜻으로, 중국 촉한(蜀漢) 때 마량(馬良)의 외모를 표현한 말이다. 다섯 명의 형제 전부 재능이 뛰어났으나 그중에서도 으뜸은 눈썹이 하얀 마량이었다. 그 이후 백미는 여럿 중에서 가장 뛰어난 사람이나 사물을 비유적으로 이르는 말로 쓰였다. 조선 시대 가사 문학의 백미는 송강 정철의 《사미인곡(思美人曲)》이고, 한국 고전 문학의 백미는 《춘향전》이며, 휴양지에서의 백미는 아름다운 경치를 감사하면서 쉬는 일이다.

◆ 출중

"김봉득은 나이가 17세밖에 되지 않았으나 **출중**한 기마술과 칼 솜씨로 황룡강 전투와 완산 전투에서 크게 이름을 날린 장수였다."

(송기숙, 《녹두장군》)

백미가 대상을 가리지 않고 으뜸을 꼽은 것이라면, '출중'은 외모나 능력이 뭇사람 중 특별히 뛰어난 사람을 가리킬 때 쓰는 말이다. 날 출(出)과 무리 중(衆)이라는 음훈 그대로 무리 중에서 두드러진 이를 이른다. 왕조 시대에 무예 출중한 사내는 무과 시험에서 주목받았으며, 다방면에 걸쳐 출중한 재주꾼은 예나 지금이나 능력을 인정받으며 살아간다.

백미가 여럿 중 단연 뛰어난 하나만을 이른다면, 출중은 하나는 물론 여럿을 가리킬 수도 있다. 그런 점은 다음 두 예문에서 쉽게 확인할 수 있다.

- "미연이는 인물가난이 든 김 승지 집에서는 **출중**나게 아름다웠고…." (이무영, 《농민》)
- "우리 후궁의 나인들만 해도 당 명황같이 가려 삼천 인은 못 두었지만 그래도 **출중**하고 어여쁜 젊은 여자가 몇백 명은 되오." (박종화, 《다정불심》)

◆ 군계일학

"많은 사람 틈에 섞이면 **군계일학** 격으로 그의 품격은 더욱 두드러져 보였다." (손창섭, 《잉여 인간》)

출중은 뛰어난 능력이나 존재를 강조한 말이지 특정인 한 명만 이르는 것은 아니다. 이에 반해 군계일학은 닭 무리 가운데 한 마리 학이라는 뜻으로, 많은 사람 가운데 가장 뛰어난 인물을 이를 때 쓰는 말이다.

학창시절 야유회에서는 노래 잘 부르는 사람이 군계일학으로 인기를 끌고, 보이 그룹이나 걸 그룹에서도 대체로 얼굴이 잘생기고 몸매가 좋은 사람이 군계일학 리더로 활동한다. 농구계의 마이클 조던이나 축구계의 디에고 마라도나, 야구계의 베이브 루스처럼 스포츠계에서는 기량이 탁월한 선수가 군계일학 스타로 대접받는다.

◆ **쩍말없다**

"네가 도둑놈 두령의 아내 재목으로 **쩍말없다**." (홍명희,《임꺽정》)

　그런가 하면 업무를 중시하는 조직에서는 '쩍말없이' 일 처리하는 사람을 으뜸으로 여긴다. 쩍말없다는 어떤 일이 썩 잘되어 더 말할 나위 없다는 뜻을 지닌 순우리말이다. 무슨 일을 시켜도 쩍말없게 해 놓는 사람은 상사에게 능력을 인정받고, 걱정하던 일이 쩍말없이 해결되면 기분이 날아갈 듯하고, 성격이 잘 맞는 남녀가 부부가 되어 늘 화목하게 살아갈 경우 쩍말없는 배필임에 틀림없다.

 우리말 사전

○ **백미(白眉)**　여럿 중에서 가장 뛰어난 사람이나 사물.
○ **출중(出衆)**　뭇사람 중에서 특별히 뛰어남.
○ **군계일학(群鷄一鶴)**　많은 사람 가운데 가장 뛰어난 인물.
○ **쩍말없다**　썩 잘되어 더 말할 나위 없다.

'애타는' 마음에
'등이 달았다'

애타다, 등이 달다, 울가망하다

등이 달다 ← 관련된 말 → **애타다** ← 관련된 말 → 울가망하다

◆ **애타다**

"영건 기다리는 롯데·NC·KIA… 누가 가장 <u>애타나</u>" (스포츠경향 2018.4.)

너무 근심스럽거나 안타까워서 마음이 죄이는 '애타다', 몹시 안타깝거나 답답해서 속이 끓는 듯한 '애끓다', 매우 슬퍼서 창자가 끊어질 듯한 애끊다에 공통으로 들어 있는 '애'는 본래 무슨 의미일까?

'애'라는 말은 1481년 《두시언해(杜詩諺解)》에서는 '쓸개 담(膽)'으

로, 1527년《훈몽자회(訓蒙字會)》에서는 창자 장(腸)으로 표기되는 등 처음에는 쓸개, 창자, 간 등 사람이나 동물의 내장을 가리켰다. 지금도 '홍어애', '복어애'에서와 같이 물고기의 간을 애라고 부른다.

애는 시간이 흐르면서 특정 장기 하나만이 아니라 내장 전체를 칭하면서 속이라는 뜻을 지니게 됐다. 사람이든 동물이든 내장이 병들거나 다치면 매우 아프기에 '애긋다(창자를 가르다)', 애타다(창자가 타다)와 같이 몹시 고통스러운 것을 형상화하면서 애라는 말을 썼다.

그러므로 창자가 불에 타는 듯한 느낌은 애타다이고, 창자가 부글부글 끓는 듯한 상태는 애끓다이며, 매우 슬퍼서 창자가 끊어지는 듯한 아픔은 '애끊다'이고, 마음이 안타깝거나 쓰라리거나 애처롭고 쓸쓸하면 '애달프다'인 것이다. 다시 말해, 애는 근심에 싸여 초조한 마음속을 비유적으로 이르는 말이다.

이순신 장군이 한산도에서 읊은 시조 중 '어디서 일성호가는 나의 애를 끊나니'에서 애를 끊는 주체는 장군 자신이 아니라 슬픔이다. 슬픈 가락의 피리 소리가 깊은 시름에 잠긴 장군에게 창자를 끊는 듯한 아픔을 준 것이다. 아이가 밤중에 심하게 아플 때 병원에 데려가지 못하는 부모의 마음은 애타고, 경기가 잘 풀리지 않으면 감독의 마음은 애타고, 실종자를 기다리는 가족의 마음도 애타기는 마찬가지다.

◆ 등이 달다

"아까 자기의 말을 아무리 곧이 안 들은 채련이라도 지금쯤은 <u>등이
달아서</u> 앉았으려니 생각하니…." _(염상섭, 《무화과》)

초조하면 애가 타기도 하지만 등도 달아오르는데, 그걸 나타낸
말이 '등이 달다'이다. 몸통에서 가슴과 배의 반대쪽 부분인 등은
기분과 관련이 있어서 일이 급히 몰리면 화끈화끈하도록 열이 오
르고, 무서움을 느끼면 등골이 오싹해진다. 하여 일이 뜻대로 되
지 않거나 다급할 때 몹시 안타까운 마음을 등이 단다고 말하게
되었다.

같은 맥락에서 '등 시린 절 받기 싫다'라는 속담은 자기가 푸대
접한 사람에게 극진한 대접을 받으면 뭔가 꿍꿍이가 있는 듯하여
등에 소름이 끼치고 기분이 좋지 않다는 뜻이다. 염상섭은 소설
《삼대》에서 등이 단 모습을 다음과 같이 썼다.

처음에는 현물 오백 원이란 금이었으나, 집은 사글세 삼십 원, 전화
도 새로 정하고 남은 물건만 사백 원에 넘겨 맡은 것이다. <u>등이 달
아서</u> 넘기는 것이니 사는 사람으로서는 손은 안 되었다.

◆ 울가망하다

"서성구가 <u>울가망한</u> 표정으로 말머리를 바꾼다." (김원일, 《불의 제전》)

이에 비해 '울가망하다'라는 말은 근심스럽거나 답답하여 기분
이 나지 않는 상태를 표현한 말이다. 어근 '울가망'은 근심스럽거
나 답답하여 마음이 편치 않음을 뜻하고, 늘 근심에 쌓여 불안한
마음이 곧 울가망한 것이다. 김유정은 소설 《따라지》에서 울가망
한 상태를 다음과 같이 썼다.

> 저쪽도 쾌쾌히 들어 덤벼야 말하기가 좋을 텐데 <u>울가망</u>으로 한풀
> 꺾이어 들음에는 더 지껄일 맛도 없는 것이다.

'쾌쾌히'는 씩씩하여 아주 시원스럽게를 이르는 말이니, 기가 꺾
인 상대 심정을 울가망이란 낱말로 적절히 썼음을 알 수 있다. 요
컨대 근심 걱정으로 인해 자꾸 오그라드는 마음, 잠 못 이뤄 수없
이 접히고 또 접히는 불안한 마음, 병상에 누운 채 마지막 잎새가
떨어질까 봐 날마다 가슴 졸이던 소녀의 마음이 곧 울가망이다.

📖 우리말 사전

○ **애타다** 몹시 답답하거나 안타까워 마음이 죄이는 듯하다.
○ **등이 달다** 마음대로 되지 아니하여 몹시 안타까워하다.
○ **올가망하다** 근심스러워 기분이 나지 않고 속이 답답하다.

제갈량은 '천리안'이 아니라 '혜안'을 지녔다

천리안, 혜안

천리안 ◀── 다른말 ──▶ 혜안

◆ 천리안

"문득 고개를 들면 <u>천리안</u>이라고 소문난 편집장의 두 줄 시선이 쏜다." (이무영, 《제일 과 제일 장》)

중국의 남북조 시대에 북위의 양일이라는 젊은이는 29세의 나이에 하남성 황천 군수로 부임했다. 그는 백성을 위해 충심으로 봉사해서 사람들을 기쁘게 했다. 당시 다른 지방의 일부 관리는 백성의 고혈을 짜내기에 혈안이 돼 있던 때인지라, 양일의 엄정한 공무 집행은 단연 돋보였다. 그는 법 집행의 공정성을 확보하고자 많은 정탐꾼을 운용하여 민심의 세세한 상황까지 꿰뚫고 있었다.

양일이 담당 지역 사정에 워낙 밝았으므로 사람들은 "양 군수가 천리안(千里眼)을 가졌다"라며 감탄했다. '천리안'은 본디 일천리 앞을 내다볼 수 있는 눈을 말했는데, 이로부터 먼 곳의 사물을 꿰뚫어 볼 수 있는 능력을 뜻하게 됐다.

천리안은 뛰어난 관찰력을 비유한 말이므로 멀리까지 살펴볼 수 있는 초능력이란 의미로 사용하기도 한다. 교실에서 시험 볼 때 뒷자리에 앉은 학생들의 일거수일투족까지 알아챈 교사에게 천리안이란 별명이 붙고, 점쟁이가 자기 능력을 과시하고자 앉아서 멀리까지 볼 수 있는 천리안을 가졌다며 허풍을 치기도 한다.

중국뿐만 아니라 대부분 문화권에서는 오래전부터 시각 능력을 찬양해 왔고 특별한 눈을 그린 그림을 모든 것을 꿰뚫어 보는 상징으로 사용해 왔다. 힌두교의 시바 신에는 항상 제3의 눈이 그려져 있는데, 이는 깊은 통찰력을 나타내므로 천리안과도 일맥상통한다.

심지어 첨단 과학의 나라라고 일컬어지는 미국의 1달러 화폐 안쪽에도 특별한 눈이 인쇄되어 있다. 지폐 뒷면을 보면 이집트 피라미드 꼭대기에 모든 것을 꿰뚫어 보는 '제3의 눈'이 그려져 있다. 이는 원래 프리메이슨의 문장으로, 독립선언에 서명한 사람들

가운데 50명 이상이 프리메이슨 또는 신비주의적인 장미십자회원이었기에 제3의 눈이 지폐에 그려졌다.

◆ 혜안

"그 자식들이 부를 계승할 만하지 못한 걸 일찍이 간파한 자신의 **혜안**을 자찬해 마지않았다." (박완서,《오만과 몽상》)

천리안이 보통 사람의 시력보다 훨씬 먼 거리를 이르는 공간적 초능력이라면, '혜안(慧眼)'은 현재에서 미래까지 내다보는 시간적 초능력을 나타낸 말이다. 혜안은 사물을 꿰뚫고 똑똑히 살펴보는 눈이자 그 앞에 펼쳐질 현상까지 통찰하는 지혜로운 눈을 뜻한다. 불교에서도 진리를 통찰하는 눈을 혜안이라고 말한다. 요컨대, 사물을 꿰뚫어 보는 안목과 흐름을 파악할 줄 아는 선견지명이다.

혜안은 시간적 흐름에 따른 변화를 볼 수 있으므로 혜안을 지닌 자는 미래를 내다볼 수 있다. 중국 삼국 시대 제갈량은 적군의 대응책보다 한 수 높은 전략을 펼쳐 혜안이 뛰어난 인물로 여겨졌다. 오늘날에도 산업 변화에 대한 혜안을 지닌 사업가는 세계 일류 기업을 이끄는 최고 경영자로 활약하며, 그 밖에 어떤 분야에서든 앞날을 내다볼 줄 아는 혜안을 가진 사람은 늘 존경의 대상이 된다.

그러하기에 지도자라면 모름지기 역사적 현실에 대한 깊은 통찰력과 한 걸음 앞서 시대를 예견하는 혜안을 갖고 있어야 한다.

 우리말 사전

○ **천리안(千里眼)**　사물을 꿰뚫어 볼 수 있는 뛰어난 관찰력.
○ **혜안(慧眼)**　사물을 꿰뚫어 보는 안목과 선견지명.

　우아한 단어 품격있는 말

미처 생각지 못한 '맹점'과
치밀하지 못해 생긴 '허점'

맹점, 허점, 빈틈

맹점 ◀── 비슷한 말 ──▶ 빈틈 ◀── 비슷한 말 ──▶ 허점

◆ 맹점

"그 친구가 펴는 이론에 중대한 **맹점**이 있어 보이는데 그걸 딱히 꼬집어 반박할 수가 없단 말이야." (선우휘, 《사도행전》)

우리의 눈은 앞을 보면서도 때로 보지 못하는 부분이 있다. 눈 동자를 움직이지 않으면 그런 일은 더 자주 일어난다. 왜 그럴까? 망막에는 시신경이 뇌로 들어가는 부분이 있는데, 이곳은 밝기를 느끼는 간상세포나 색깔을 분간하는 원추세포가 없어서 빛을 느

끼지 못한다.

다시 말해, 눈과 통하는 시신경의 바로 앞부분에 빛을 받아 뇌로 전기신호를 보내는 광수용체(光受容體)가 없기에 앞에 있는 것을 보고도 보지 못하는 일이 생긴다. 이걸 '맹점(盲點)' 또는 '맹반(盲斑)'이라고 하며, 한쪽 눈에 하나씩 두 개의 맹점이 있다. 척추동물의 눈에만 존재하는 맹점은 망막 안쪽에서 코 쪽으로 15도 정도 아래에 있다.

그렇지만 우리는 평소에 맹점을 느끼지 못한다. 두 눈이 동시에 움직여서 한쪽 눈이 보지 못하는 맹점을 다른 눈으로 볼 수 있기 때문이다. 웬만해서는 두 눈의 맹점이 겹치지 않기에 가능한 일이고, 한쪽 눈으로만 본다 해도 끊임없이 눈동자가 움직이므로 맹점으로 인한 불편을 거의 느낄 수 없다.

어쨌든 맹점은 주의를 기울이지 않으면 모르고 지나치는 부분이기에, 이에 비유하여 어떠한 일에 주의가 미치지 못하여 모르고 지나친 잘못된 점이란 의미로 쓴다. 우리 교육의 맹점은 지식을 지나치게 수단화한 데 있고, 상황에 따라 자주 말을 바꾸는 사람에게는 논리적 맹점이 많다고 할 수 있다.

"피할 수 없는 **맹점**을 극복하려면" (중앙일보 2023.6.5.)

◆ 허점

"종술의 <u>허점</u>을 간파하고는 쥐란 놈이 곳간 벽에 구멍을 뚫듯 거기를 집중적으로 공격하기로 마음먹었다." (윤흥길,《완장》)

맹점이 미처 생각이 미치지 못한 모순되는 점이라면, '허점(虛點)'은 주의가 미치지 못하거나 치밀하지 못해 빈틈이 생긴 부분을 이르는 말이다. 축구 경기 프리킥에서 수비수들이 펄쩍 뛰는 일을 고려하여 발밑으로 공을 차면 상대의 허점을 찌른 것이고, 수입 수산물 검역을 통과하고자 원산지에서 다른 장소로 이동한 뒤 지역명을 바꾸는 것은 서류상 허점을 노린 행위이다.

또한, 일반적으로 컴퓨터 바이러스는 윈도우의 허점을 노리고 만든 악성 프로그램이고, 주민 소환제는 대의(代議) 민주주의의 허점을 보완하는 제도다. 요컨대 허점은 치밀하지 못해 생긴 불완전한 부분인 셈이다.

◆ 빈틈

"얼굴은 공같이 동그랬으나 십여 년 전과 마찬가지로 이목구비는 잘생긴 편이었고 옷차림도 <u>빈틈</u>이 없다." (박경리,《토지》)

허점에 대응하는 우리말 '빈틈'은 물체의 어느 부분이나 사람과 사람 사이에 비어 있는 비교적 작은 공간을 가리키는 말이다. 허점은 고정적이든 유동적이든 가리지 않고 생길 수 있으나, 빈틈은 대개 고정되거나 한정된 물체나 공간에 생긴다. 방에 사람이 너무 많으면 누군가 들어갈 빈틈이 보이지 않고, 가방에 책이 가득하면 공책을 넣을 빈틈이 없는 것과 같다.

빈틈은 사람에게 적용해 허술하거나 부족한 점을 뜻하는 말로도 사용할 수 있다. 매우 야무진 사람을 가리켜서 일 처리에 빈틈이 없다고 말하고, 옷을 깔끔하게 잘 차려입은 사람에게선 복식 감각에 빈틈을 찾기 힘들며, 말솜씨 좋은 사람에게서는 논리적 빈틈이 느껴지지 않는다.

한편 '빈틈에 바람이 나다'라는 관용어는 사이가 뜨면 아무리 두터운 정이라도 멀어짐을 이르는 말이다. 아무리 친한 사이라도 관계를 소홀히 하면 멀어질 수 있음을 비유하여 경고한 말이다.

📖 **우리말 사전**

○ **맹점(盲點)** 어떠한 일에 주의가 미치지 못해 모르고 지나친 잘못된 점.
○ **허점(虛點)** 주의가 덜 미치거나 치밀하지 못해 빈틈이 생긴 부분.
○ **빈틈** 허술하고 모자라거나 부족한 점.

정권을 탈취하려는 '제오열'의 '첩보'를 입수했다

첩보, 제오열, 정보

첩보 ◀── 관련된 말 ──▶ 정보 ◀── 다른 말 ──▶ 제오열

◆ 첩보

"어떤 여자들은 **첩보** 임무를 띠고 주민으로 가장해서 미군 기지로 침투하거나 사창가로 들어갔다." (안정효,《하얀 전쟁》)

《로빈슨 크루소》의 작가로 유명한 대니얼 디포는 생계 때문에 한때 스파이로 활동한 적이 있다. 그는 완곡하게 '비서'라고 말했지만, 명백히 잉글랜드 정부의 스파이로 활동했다. 그는 알렉산더 골드스미스라는 가명으로 전국을 돌면서 사람들과 이야기하고,

그들의 일을 자세히 살피고, 그들이 여왕과 국무상에 대해 어떻게 생각하는가를 조사했다.

디포는 꼬치꼬치 캐묻는 스파이라기보다는 친절한 충고자였는데, 정부 입장에서 보면 잘된 일이었다. 왜냐하면 디포는 왕권 비판자들을 유죄로 판정하여 고발하는 대신에 설득했기 때문이다. 디포의 노력을 바탕으로 잉글랜드와 스코틀랜드 사이의 연합이 확고해졌다. 디포의 활동을 한자어로 말하면 '첩보(諜報)'이고, 신분은 '간첩(間諜)'이랄 수 있다. 첩보란 적의 내부에 침투하여 적의 형편을 살펴서 알려 줌을 이르는 말이다.

간첩은 기원전부터 있었고, 엿볼 간(間) 자는 중국 고전《손자(孫子)》에서도 보인다. '용간유오(用間有五)', 즉 엿보는 사람 다섯이 있다고 하여 춘추 시대의 치열한 첩보전 실상을 알려주고 있으며, 염탐할 첩(諜) 자는 '진인획진첩(晉人獲秦諜)', 즉 진나라 사람이 진의 첩자를 잡았다라 하여《좌전(左傳)》에 보인다. 간첩이란 적진에 들어가 사정을 엿보는 사람이었음을 알 수 있다. '첩자(諜者)', '세작(細作)'이라고도 불렀으며, 근대에는 '제오열(第五列)'이라는 말도 생겼다.

적의 군대가 극비리에 동쪽으로 이동해 간다는 **첩보**가 본부에 들어왔다.

◆ 제오열

"한국 정부는 국내에 정권탈취를 기다리는 위험스런 **제오열**이 있다고 주장하고 있다." (연합뉴스 1994.7.)

1936년 스페인 내란 당시, 프랑코 휘하 파시스트 장군이었던 시에로는 자신의 네 개 부대가 마드리드로 입성하자 수도 안에 있던 자신의 맹렬 지지자들에게 '제5열'이라는 명칭을 붙이고 인민 공화파 정부를 내부에서부터 붕괴시키려 했다. 군대의 행진 대열이 보통 4열 종대이므로 제5열은 열외(列外)에 있는 부대를 비유한 말이었다.

프랑코 장군은 시내에도 자기들에게 호응하는 부대가 하나 더 있다는 말을 적극적으로 퍼뜨렸다. 실제로 국가의 정책 결정과 국방 부서에 있는 지지자들이 중요 정보(情報)를 제공해 준 덕분에 1939년 프랑코는 승리를 거뒀다. 이후 제오열은 내부에 있으면서 외부 세력에 호응하여 정보를 제공하는 위장 집단을 뜻하는 말로 쓰였다.

"우크라 '**제오열**' 반역자에 골머리… 주요정보 제공하며 친러활동"

(연합뉴스 2023.1.18.)

◆ 정보

"감각 기관이 보내온 <u>정보</u>를 뇌에 단기 저장하는 역할은 해마가 담당한다." (동아일보 2002.4.)

첩보가 대립 관계에 있는 국가나 단체에 있는 기밀이라면, '정보'는 어떤 상황에 대한 새로운 소식이나 자료를 가리킨다. 수집한 첩보를 분석하여 얻은 구체적인 소식이 정보이기에 관찰이나 측정을 통해 얻은 자료를 실제 문제에 도움이 되도록 정리한 지식을 의미하기도 한다. 개인 정보에서부터 교육 정보, 무역 정보, 패션 정보 등 정보의 세계는 넓고 다양하다.

냉전 시대에 탄생한 소설의 주인공 007은 적국에서 활동했기에 첩보원이고, 범죄 단체 주변에서 활동하며 경찰에게 은밀히 새로운 소식을 알려주는 이는 경찰 정보원이다. 또한, 하와이에 '별은 하늘의 첩자다(A star is a spy in the sky)'라는 속담이 있는데, 이는 하늘에 떠있는 별이 인간에게 빛으로 내일 날씨를 알려준다는 뜻이니, 천기누설한 별은 첩보원이고 별빛은 첩보인 셈이다.

📖 우리말 사전

○ **첩보(諜報)** 상대편의 형편을 몰래 알아내어 보고함.
○ **정보(情報)** 사물이나 어떤 상황에 대한 새로운 소식.
○ **제오열(第五列)** 내부에 있으면서 외부 세력에 호응하여 이적 행위를 하는 무리.

'녹록한' 재물과
'녹녹한' 반죽

여의치 않다, 녹록지 않다, 녹녹하다

녹록지 않다 ←—다른 말—→ **여의치 않다** ←—다른 말—→ **녹녹하다**

◆ 여의치 않다

"사람이 별로 변통성도 없고 그렇다고 여기저기 연줄도 없어 취직이 <u>여의하게 되지 못함</u>을 볼 때 P는 가엾은 생각이 늘 들곤 하였다." (채만식, 《레디 메이드 인생》)

세상사 뜻대로 된다면 누구나 만족하며 살겠지만 그런 일은 현실에서 불가능하므로 조상들은 '여의주(如意珠)'라는 상징을 만들었다. 여의주는 신성한 영물인 용(龍)의 턱 아래에 있는 구슬이며, 이

것을 얻으면 무엇이든 마음대로 만들어 낼 수 있다고 한다. 이에 연유해 '여의주를 얻은 듯'이란 속담은 일이 뜻대로 척척 되어 감을 비유한 말로 쓰이고 있다.

또한 그런 염원을 담아 만든 여의주문(如意珠紋)은 같은 크기의 원이 겹쳐져 여의주가 나열된 듯 보이는 문양으로 주로 옷감에 장식한다. 사각의 천 조각을 접어 바느질한 뒤 서로 연결해 겹쳐진 부분에 천을 덧대어 바느질하면 원이 겹쳐지며 네 개의 꽃잎을 가진 문양이 나타난다. 이는 마치 구슬이 빛나는 것처럼 보인다.

이와 관련된 '여의하다'라는 말은 일이 마음먹은 대로 된다는 뜻이지만 일반적으로 부정형 '여의치 않다'로 쓴다. 젖먹이를 둔 엄마는 끼니를 제때 챙겨 먹기가 여의치 않고, 경제 활동이 위축되면 건축물 분양이 여의치 않게 된다.

◆ **녹록지 않다**

"일변 생각하면 피로 낙관을 친 치산(治産)이지, **녹록한** 재물이라고 할 수는 없을 것입니다." (채만식,《태평천하》)

여의치 않다가 마음과 달리 잘 되지 않는 상황을 나타낸 말이라면, '녹록지 않다'는 보기보다 만만하지 않고 결코 쉽지 않을 때 쓰는 말이다. '녹록하다'의 녹록은 '碌碌' 또는 '錄錄'으로 표기되나 어원은 확실치 않다.

다만 긍정형 녹록하다는 평범하고 보잘것없다라는 뜻이고, 부정형 녹록지 않다는 만만하지 않고 상대하기 어려운 상황을 나타낼 때 쓴다. 녹록한 재물은 평범하고 하찮은 물건이고, 녹록하지 않은 사람은 예측보다 상대하기 힘든 사람이다. 얼핏 보기에 사람이 변변치 않은 것 같으나 하는 일이 녹록지 않음을 비유적으로 이를 때 '배꼽은 작아도 동지 팥죽은 잘 먹는다'라는 속담을 쓴다.

부정형 녹록하지 않다의 줄임말은 '녹록치 않다'가 아닌 녹록지 않다로 써야 한다. 한자음 '로' 등이 낱말의 첫머리에 올 경우 두음법칙에 따라 '노' 등으로 표기하고, 낱말의 첫머리 이외의 경우에는 본음대로 적어야 하기 때문이다.

길상이 비록 하인의 신분일망정 준수한 외모와 침착한 행동거지, 학식도 **녹록잖게** 들었다는 점에서도 좋게 생각들 하는 것 같았다."

(박경리,《토지》)

◆ **녹녹하다**

"**녹녹한** 돌이나 나무 아래에는 벌레가 많다."

그런가 하면 '녹녹하다'는 전혀 다른 의미이므로 주의해야 한다. 우리말 '녹녹하다'는 물기나 기름기로 인해 촉촉한 기운이 약간 있어 딱딱하지 않고 좀 무르며 보드랍다는 뜻이다. 나무 그늘 아래 아무렇게나 놓여 있는 돌멩이를 들추면 습기 녹녹한 돌들 밑에 벌레들이 몸을 움츠리고 있다. 호떡을 만들기 위해서는 미지근한 물에 밀가루를 넣고 녹녹하게 반죽해야 한다.

녹녹하다의 큰말 '눅눅하다'는 '물기나 습기가 배어 있어서 약간 축축한 기운이 있다'라는 뜻이다.

 우리말 사전

○ **여의치 않다(如意치 않다)** 일이 마음먹은 대로 되지 않다.
○ **녹록지 않다(碌碌지 않다)** 얼핏 보기보다 상대하기 어렵다.
○ **녹녹하다** 물기나 기름기가 있어 딱딱하지 않고 말랑말랑하며 부드럽다.

성격이 '어련무던한' 사람과 '까탈스러운' 사람

까탈, 까다롭다, 어련무던하다

까탈 ←— 관련된 말 —→ 까다롭다 ←— 다른 말 —→ 어련무던하다

◆ 까탈

"들고 안 들고는 맘대로 허라등마 인자 와서는 **까탈**을 부리는 것이
다요 시방?" (조정래, 《태백산맥》)

까탈은 '가탈'의 센말로, 일의 진행을 방해하는 어떤 조건 또는
이러쿵저러쿵 트집을 잡아 까다롭게 구는 일을 이르는 말이다. 본
래 우리말 가탈은 16세기경까지는 트집을 잡아 까다롭게 구는 일
을 뜻했다.

그런데 말의 **빠른** 걸음을 의미하는 중세 몽골어 가타라(qatara)에서 파생한 '가탈하다'가 1768년 몽골어 학습서 《몽어유해(蒙語類解)》에서 말이 가지 않고 버티는 것으로 풀이되면서 의미에 변화가 생겼다. 말을 탄 사람은 말이 갑자기 빠르게 걸어 자세가 불안정해지지 않도록 항상 속도를 제어하는데, 이때 말이 반항하기도 한다. 당시 사람들은 이런 모습이 어떤 일을 할 때 순조롭게 못 하도록 방해하는 행동과 유사하게 보았다. 그래서 '가탈'은 '일을 방해하는 요인이나 조건'이란 뜻을 지니게 됐다.

"난을 일으킨 자보다는 난을 일으키게끔 **까탈**을 만든 자를 더 큰 죄로 다스려야 해!" (현기영,《변방에 우짖는 새》)

◆ 까다롭다

"사립인 S대는 총장의 강의 관리가 **까다로워서** 구멍을 내기 힘든 곳이었다." (이청준,《별을 보여 드립니다》)

어떤 일에 있어 지나치게 따지거나 무슨 일이든 트집 잡을 경우 '까탈스럽다'라는 형태로 쓴다. 예전에 까탈스럽다는 '까다롭다'의 비표준어로 여겨졌으나 2017년 국립국어원에서 까다롭다와 뜻에 차이가 있다고 판단해 표준어로 인정하였다.

유의어 까다롭다의 옛말 '까다롭다'는 19세기 문헌에서부터 나타나는데, 1883년 사역원에서 간행한 《이언언해(易言諺解)》에 다음과 같은 글이 보인다.

관속이 백성에게 **까다롭게** 하는 것을 징계하여 다스리며

이 문장에서의 '까다롭게'는 백성을 힘들게 하는 복잡한 조건들을 의미한다. 이렇듯 까다롭다는 일이나 절차 따위가 복잡하고 미묘하게 엄격하여 다루기 어려울 때 쓴다. 비슷한 맥락에서 성미나 취향 따위가 원만하지 않고 별스럽게 까탈이 많을 때도 까다롭다라고 말한다. 편식이 심한 사람은 먹는 음식을 까다롭게 고르고, 평점을 매기는 미식가는 여러 요소를 까다롭게 평가한다.

◆ **어련무던하다**

"말은 그렇게 하면서도 실은 태인댁만큼 <u>어련무던한</u> 사람도 없다는 걸 그이는 누구보다 잘 알고 있었다." (윤흥길, 《완장》)

이에 비해 '어련무던하다'는 까탈을 부리지 않거나 까다롭지 않을 경우 쓰는 반대어이다. 잘못할 리 없고 확실함을 뜻하는 '어련하다'와 성질이 너그럽고 수더분하다는 의미의 '무던하다'를 합친

말이며, 별로 흠잡을 데 없이 무던하다는 의미이다. 주로 인간관계에서 마찰 없는 성품을 표현할 때 쓰며, 어련무던한 사람은 웬만해서는 화내지 않고 살아간다.

 우리말 사전

○ **까탈** 일의 순조로움을 방해하는 조건. 트집을 잡아 까다롭게 구는 일.

○ **까다롭다** 복잡하고 미묘하여 다루기 어렵다.

○ **어련무던하다** 성질이 까다롭지 않고 무던하다.

'독야청청'은 좋고 '독불장군'은 나쁘다

독불장군, 독선가, 아집, 독야청청

◆ **독불장군**

"<u>독불장군</u>이니 중과부적이니 하는 말은 어린애들 싸움에도 들어맞는 만고의 명언입니다." (송기숙, 《녹두장군》)

누군가를 가리켜 "독불장군(獨不將軍)!"이라고 말했다면 그는 혼자 제멋대로 일을 처리하거나 홀로 버티며 고집을 부리는 사람이라는 뜻이다.

본래 혼자서는 장군이 될 수 없다는 의미로, 남과 의논하고 협조해야 함을 이르는 말이다. 따르는 졸병이 있어야 장군이 있는 것이며, 혼자는 결코 장군도 영웅도 될 수 없음을 강조한 것이다. 보통 조직 속에서 무슨 일이든 자기 생각대로 혼자 처리하는 사람을 가리켜 이렇게 부른다.

옳든 그르든 자기만의 방식을 고집하는 독불장군은 충고를 귀담아듣지 않고, 공동 목표를 추구하는 과정에서 다른 사람들에게 반감을 사기 일쑤다. 그래서 다른 사람에게 따돌림을 받는 외로운 사람이란 의미도 함께 지니게 됐다. 남들을 무시하고 독불장군처럼 처신하면 주변 사람이 모두 떠나고 돌림쟁이(한 동아리에 들지 못하고 따돌림을 받는 사람을 낮잡아 이르는 말)가 되기 쉽다.

"깊은 고정 관념의 벽을 허물기에는 역부족이었다. 그래서 우리 집 설은 그 후 마을 공동체에서 소외된 **독불장군**의 설이 되고 말았다." (박완서,《그 많던 싱아는 누가 다 먹었을까》)

◆ **독선가**

"고이즈미는 대중선동에 능한 **독선가**에 가깝다." (경향신문 2005.9.4.)

독불장군이 집단에서 혼자만의 일방주의라면, '독선가(獨善家)'는 자기 혼자만이 옳다고 믿고 행동하는 사람이다. 여기서 '독선'

은 남을 돌보지 않고 자기 한 몸의 처신만을 온전하게 함을 이르는 독선기신(獨善其身)의 준말이다. '독선적'은 자기만 올바르다고 여기고 행동하는 성향을 가리킨다.

◆ 아집

"논리적인 이해가 불가능한 신념은 맹목적인 <u>아집</u>에 그칠 위험성이 있었다." (이청준, 《자서전들 쓰십시다》)

독선가는 타인을 전혀 배려하지 않는다. 또한, 자기만이 절대 옳다고 믿기에 아집에 사로잡히는 경우가 많다. '아집(我執)'은 자신의 심신 가운데에 사물을 주재하는 상주불멸(常住不滅)의 실체가 있다고 믿는 집착을 이르는 불교 용어이며, 이에 연유해 자기 중심의 좁은 생각에 집착하여 다른 사람의 의견이나 입장을 고려하지 아니하고 자기만을 내세우는 것을 의미하게 됐다.

독선과 아집에 사로잡힌 유형의 인물로는 베토벤과 스티브 잡스가 유명하다. 음악가 베토벤은 자기의 기분을 상하게 만든 식당 종업원에게 접시를 던진 일이 있으며, 애플의 창업자 스티브 잡스는 처음부터 끝까지 자신이 세운 기준대로만 움직인 독선가였다. 물론 두 사람 모두 뛰어난 창의성과 자신만의 규율과 행동으로 인류 역사에 큰 족적을 남긴 이들이기는 하다

◆ 독야청청

"<u>독야청청</u> 보성군, 전남 시군 유일 종합청렴도 1등급" (시사저널
2024.1.)

아집이 나에 기반한 관념이 형성한 습관적인 사고라면, '독야청
청(獨也靑靑)'은 홀로 절개를 굳세게 지키고 있음을 비유적으로 이
르는 말이다.

원래는 대부분 계절에 따라 나뭇잎 색깔이 변하는 가운데 소나
무 홀로 푸르고 푸름을 가리켰다. 그리고 이에 비유하여 남들이
모두 절개를 꺾는 상황 속에서 홀로 굳건하게 신의를 지키는 이를
가리키는 말로 썼다.

그런데 언론에서 독야청정을 유독 돋보이는 존재라는 의미로
쓰는 일이 잦아지고 있다.

- "JP모건의 <u>독야청청</u>…압도적 시장가치" (서울경제 2023.12.28.)
- "건설업계 모두 한숨 쉬는데…'<u>독야청청</u>' 현대건설" (일간스포츠
  2023.10.26.)
- "톡신 시장 출혈경쟁에도 나보타는 '<u>독야청청</u>'" (의학신문 2023.11.14.)

신의 및 절개를 높이 평가한 시대에 탄생한 독야청청이 자본주
의 세상에서는 독보적인 실적이란 의미로 바뀌어 쓰이고 있으니,

말이란 이처럼 시대에 따라 쓰임새가 달라지기도 한다는 것을 여실히 보여 준다.

 우리말 사전

○ **독불장군(獨不將軍)**　무슨 일이든 자기 생각대로 혼자서 처리하는 사람.

○ **독선가(獨善家)**　자기 혼자만 옳다고 믿고 행동하는 사람.

○ **아집(我執)**　자기중심적인 생각에 사로잡힌 고집.

○ **독야청청(獨也靑靑)**　홀로 절개를 굳세게 지키고 있음을 비유적으로 이르는 말.

제5장

나의 언어의 한계는
나의 세계의 한계이다

아는 만큼 성장하는 말

'요령'을 깨우치니 '미립'이 생겼다

깨달음, 미립, 요령

미립 ← 관련된 말 → **깨달음** ← 관련된 말 → 요령

◆ **깨달음**

"아사달은 괴이쩍게 생각하면서도 그 눈물이 자기를 동정하는 것 인 줄을 어렴풋이 <u>깨닫고</u> 그윽하나마 고마운 정이 움직이었다." (현 진건,《무영탑》)

'깨달음', '미립', '요령(要領)'은 미처 몰랐던 것에 대하여 문득 뭔 가를 알게 됐을 때 쓰는 낱말인데, 그 의미는 조금씩 다르다.

깨달음은 동사 '깨닫다'의 명사형으로, 조선의 국왕 세조가 편찬

한《석보상절(釋譜詳節)》에 '끼둗긔', '끼드라', '끼둗과이다'의 형태로 처음 표기됐다. 옛말 '끼둗다'는 '깨다'라는 뜻의 동사 '끼-'와 '달리다'의 의미를 지닌 동사 '둗-'의 어간이 결합한 합성어이며, 현대 국어에서 '깨닫다'로 바뀌었다.

《석보상절》에 '찬물 뿌려서 깨시니라'라는 문장에서 알 수 있듯, '깨다'는 정신이 온전한 상태로 돌아오는 것을 이르는 말이다. 잠에서 깨면 정신이 들고, 숙취에서 깨면 머리가 맑아진다. 마취나 혼수상태에서 깨어나면 환자는 안도의 한숨을 내쉰다.

합성어 '깨닫다'는 '깨어나서 달리다', 즉 '맑은 정신이 되어 움직이다'를 나타낸 말이다. 계속 머리를 써서 무언가를 분별하고 판단하여 알게 됐음을 가리킨다. 다시 말해, 끊임없이 생각하고 궁리하다 알게 되는 것이 곧 깨달음이다.

사실 '깨달음'은 불교 용어로, 번뇌에서 벗어나 열반에 이름을 의미한다. 어느 스님은 스스로 알을 깨고 나와야 번뇌에 도달할 수 있으므로 깨달음의 시작은 깨부수는 일이라 말했다.

기원전 220년 무렵 아르키메데스는 금관의 순금 함량을 알아내고자 날마다 궁리하다 목욕탕에서 부력의 원리를 깨우쳤고, 오랜 시간 명상한 석가모니는 어느 날 깨달음을 얻은 뒤 '무아(無我)'라는 가르침을 설파했다. 처음에는 소유물에 대한 집착을 버리라는 실천적 자세를, 나아가 자신의 존재마저 잊는 것을 의미했다.

◆ 미립

"꺽정이는 대사와 동행하기에 **미립**이 나다시피 되었건만, 그래도 갑갑할 때가 없지 아니하거든." (홍명희, 《임꺽정》)

이처럼 '깨달음'이 슬기가 트여 환하게 알게 됨을 뜻한다면, '미립'은 경험을 통하여 얻은 묘한 이치를 의미하는 우리말이다. 장사를 오래 하면 손님에 따라 달리 대응할 줄 아는 미립이 생기고, 거짓말을 많이 하면 사람들을 속이는 미립이 는다. 또한, 직장 새내기는 일에 미립이 나기까지 오랜 시간이 걸리기 마련이다. 미립은 대체로 '미립이 나다', '미립을 깨닫다', '미립이 트이다', '미립이 생기다', '미립을 얻다' 따위 형태로 쓴다.

◆ 요령

"그는 우직스럽고 충성스러웠다. **요령**을 쓰거나 꾀를 부리지 않았다." (이병주, 《지리산》)

그런가 하면 미립의 유사어인 요령은 '일을 하는 데 꼭 필요한 묘한 이치'를 의미한다. 운동을 꾸준히 하면 근육 만드는 요령이 생기고, 연설을 많이 하면 청중의 이목을 끄는 요령을 터득하게 된다.

요약하여 말하자면 요령을 깨우칠 경우 미립이 생긴다. 갑오농민전쟁을 다룬 송기숙의 《녹두장군》에서는 다음과 같이 요령과 미립의 차이가 잘 드러난다.

동네 집강들이 다투어 데려가는 바람에 연엽이는 가는 데마다 환영을 받았고 그동안 이야기하는 요령에도 <u>미립</u>이 나서 말솜씨도 늘었다.

 우리말 사전

○ **깨달음** 뭔가 생각하고 궁리하다 알게 되는 것.
○ **미립** 경험에서 얻은 묘한 이치.
○ **요령(要領)** 일을 하는 데 꼭 필요한 묘한 이치.

'비원'이 이루어지길
'기도'했다

기도, 기원, 소원, 비원

◆ 기도

"전쟁터에 가기 전에는 한 번 <u>기도</u>하고, 바다에 가게 되면 두 번 <u>기도</u>하고, 그리고 결혼 생활에 들어가기 전에는 세 번 <u>기도</u>하라." (러시아 속담)

고대부터 인간은 절대적 초능력을 지닌 존재가 있으리라 믿으며 하늘, 거대한 나무, 암벽 등을 대상으로 원하는 바를 빌곤 했다. 예컨대 환웅이 처음 하늘에서 땅으로 내려온 곳에 있었다는

'신단수(神壇樹)'는 하늘과 소통하는 신성한 나무라고 믿었다. 때문에 그곳에서 제사를 지내며 무사태평을 기원했다.

또한, 하늘과 땅의 신령인 천지신명(天地神明)이 세상에 머물고 있다고 믿었기에 간절한 바람이 있을 경우 "천지신명께 비나이다"라는 말을 입버릇처럼 되뇌었다. 그리고 인격화한 유일신 신앙이 퍼지면서부터는 상징물을 만들어 경배하였고 저마다의 바람을 함께 빌었다.

이처럼 인간보다 능력이 뛰어나다고 생각하는 어떠한 절대적 존재에게 비는 일을 '기도(祈禱)'라고 한다. 기독교인은 식사할 때마다 하나님에게 감사 기도를 올리고, 수험생을 둔 불교도는 사찰에서 백일기도를 드리곤 한다.

◆ 기원

"사장과 임직원 60여 명이 참석한 가운데 **기원**제를 열고 올해 목표 수주액 1조 2천억 원 달성과 현장 무재해를 기원했다."(연합뉴스 2024.1.8.)

기도가 신명에게 비는 일이라면, '기원(祈願)'은 원하는 일이 이루어지기를 비는 일이다. 왕조 시대에는 하지(24절기의 하나로, 양력 6월 21일경)가 지나도록 가뭄이 심하면 비가 내리기를 기원하는 기우제(祈雨祭)를 올렸고, 현대에도 다양한 형태로 기원제를 올리고 있다. 2024년 초 전남 신안군은 신년을 맞이하여 걷기대회를 열어 건강을 기원했고, 서울 가락시장은 신년인사회를 통해 다가오는 한 해 내내 안전한 도매시장이 되기를 기원했다. 다시 말해, 기원은 특정한 한 가지 목적을 바라는 소원이다.

◆ 소원

"왜놈에게 붙어서 나라를 팔아먹어 가며 감투를 <u>소원</u>한단 말이냐?"(박종화,《임진왜란》)

이에 비해 '소원(所願)'은 어떤 일이 이루어지기를 바라고 원한다는 뜻이다. 혼자 소원을 빌기도 하고 여럿이 모여 저마다 소원을 빌기도 한다. 분단된 조국의 통일을 바라든, 자식의 결혼을 바라든, 해넘이 행사인 달집태우기를 통해 한 해 동안의 바람을 빌든 모두 소원이다.

사람마다 소원의 내용에 차이가 심하므로, 뜻밖의 평범한 소원을 들었을 때 '평생소원이 누룽지'라는 속담을 쓴다. 기껏 요구하는 것이 너무나 하찮은 것임을 비유적으로 이르는 말이다.

◆ 비원

"강 건너 고향을 두고 정자에 올라 망향의 한을 달랬을 실향민들의 <u>비원</u>이 문득 가슴을 쳤다." (이정환, 《샛강》)

'비원(悲願)'은 꼭 이루고자 하는 비장한 염원이나 소원을 의미한다. 다시 말해, 반드시 이루어지기를 절실히 바라는 소원을 두고 비원이라 한다. 여러 지역의 흙을 한데 모아 화합을 비는 '합토식(合土式)'은 더 이상 갈등이 없기를 비장하게 바라는 비원이라고 할 수 있다.

 우리말 사전

○ **기도(祈禱)** 인간보다 능력이 뛰어나다고 생각하는 어떠한 절대적 존재에게 빎.
○ **기원(祈願)** 특별히 원하는 일이 이루어지기를 빎.
○ **소원(所願)** 어떤 일이 이루어지기를 바람.
○ **비원(悲願)** 꼭 이루고자 하는 비장한 염원이나 소원.

살면서 필요한 것들을
배우고 익히는 행위

공부, 학습, 교육

학습 ←── 비슷한 말 ──→ 공부 ←── 관련된 말 ──→ 교육

◆공부

"깊이 알려고 할수록 <u>공부</u>에는 밟아야 하는 절차가 있음도 짐작되었다." (박종홍, 《새날의 지성》)

학문이나 기술을 배우고 익힌다는 의미를 지닌 '공부'는 한자로 '工夫'라 표기한다. 공부에 전혀 관련이 없어 보이는 지아비 부(夫)자가 쓰인 까닭은 무엇일까? 조선 제13대 국왕 명종도 그 이유가 궁금했는지 어느 날 경연(經筵)에서 신하들에게 공부라는 두 글자

의 뜻이 무엇인지 물었다. 좌우 신하들 중 그 누구도 대답하지 못하고 있을 때 특진관(조선 시대에서 경연에 참여하던 벼슬을 뜻함)이었던 조언수가 앞으로 나가 대답했다.

"공은 여공(女工)이요, 부는 전부(田夫)입니다. 이 말인즉 선비가 부지런히 배우는 일은 여자가 부지런히 길쌈하고 농부가 애써 농사짓듯 힘써 하라는 뜻이옵니다"

'여공'은 부녀자들이 실을 내어 옷감 짜는 일을 뜻하고, '전부'는 농업에 종사하는 사람을 가리키는 말임에 착안한 풀이였는데, 임금은 이 말을 아름답게 여겼다고 한다. 이는 죽천(竹泉) 이덕형의 책《죽창한화(竹窓閑話)》에 나오는 내용이다.

'공부'라는 낱말은 당나라 선종 승려의 어록에서 처음으로 확인된다. 당시에는 做(지을 주, 만들 주) 자를 앞에 붙인 '주공부(做工夫)'라는 말로, '힘써 불법을 열심히 닦음'이라는 뜻으로 사용했다. 이때의 공부는 참선, 염불, 기도에 전력하는 일을 의미했으며, 조선 승려 서산대사 휴정도《선가귀감(禪家龜鑑)》에서 '절심주공부(切心做工夫)'라는 제목으로 다음과 같이 말했다.

간절한 마음으로 **공부**하라. 닭이 알을 품고 고양이가 쥐를 노리듯이, 굶주린 사람이 밥을 찾고 목마른 자 물을 찾듯이, 어린아이가 어미를 찾듯이 **공부**하라(切心做工夫, 如雞抱卵, 如猫捕鼠, 如飢思食, 如渴思水, 如兒憶母).

그러다가 송나라 유학자 주희가 《근사록(近思錄)》에서 송(宋)대의 도학자 정명도와 정이천의 사상을 표현하는 말로 '공부'라는 말을 자주 사용하면서 이 단어가 유학자들 사이에 널리 퍼졌다. 주자학에서는 성인(聖人)이라는 목표를 향해 수양하며 실천하며 사는 것을 공부라 했다.

이러한 역사를 거친 오늘날에는 공부를 '사람이 학문이나 기술 등을 배우고 익힘'을 의미하는 말로 쓴다. 배우고 연습하는 과정은 물론 품성을 수양하거나 의지를 단련하거나 방법을 생각해 내는 것도 공부에 해당한다. 대학입학시험 만점자나 고시 합격자의 공부 방법은 늘 관심 대상이다.

◆ **학습**

"자율 **학습**은 스스로 해야지 선생이 감독하면 잘하고, 안 들어가면 떠든다면 그것은 아이들 자율성을 죽인다는 게 그의 지론이었다."

(유시춘,《닫힌 교문을 열며》)

한국식 한자어 공부에 해당하는 중국어는 '학습(學習)', 일본어는 '면강(勉強)', 영어는 '스터디(study)'이다. 우리나라에서 많이 쓰는 '학습'은 '배우고 익힘'이란 뜻이며 사실상 공부와 같다. 미묘한 차이가 있다면, 학습에는 순서나 단계적 연속성이 단어의 의미에 포함

되어 있다는 점이다. 학교에서 수학이나 영어와 같은 교과 과목의 교육 과정을 ○○ 공부 과정이 아닌 ○○ 학습 과정으로 표기하는 이유이다.

배우면 배울수록 더 배우고 싶고, 또 더 배워야만 하는 것이 학습의 속성이다. 조선 시대에는 먼저 천자문을 익히고 나서 강관(講貫)하는 것이 중요한 학습 과정이었다. 여기서 강관은 경서(經書)를 읽으며 그 뜻을 이해하고 내용을 익히는 것을 의미한다.

학습은 단지 인간의 배움에만 해당하지 않는다. 동물을 대상으로 한 지능 실험에서 원숭이가 도형을 맞히고 먹이를 얻어먹는 과정도 학습이고, 침팬지가 인간의 낱말을 익힌 다음 몇 가지 문장을 말하는 것도 학습의 결과물이다. 또한 까마귀가 병 속에 든 먹이를 꼬챙이로 꺼내 먹는 것도 학습을 통해 알게 된 지식 덕분이다.

◆ 교육

"영국인 플로렌스 나이팅게일은 1860년 간호사 양성소를 세워 간호 교육을 시작했는데, 이는 세계 최초의 간호학교가 됐다."

공부와 학습이 배우는 사람의 처지를 나타내는 말이라면, '교육(教育)'은 가르치는 위치를 반영한 말이다. 다음 문장은 교육과 학습의 차이를 잘 일러주고 있다.

"사실과 숫자를 암기시키는 주입식 **교육**의 한계를 타파하고, 학생들이 선호하는 역할 수행 게임 <u>학습</u>으로 교실을 재미나게 하며, 문제 해결 능력을 길러 주는 교육을 하겠다는 ○○의 등장은 매우 신선하고 진취적이다"

즉, 교육은 지식이 높은 사람이 우매한 사람을 일깨워 주는 일이다. 개화기 지식인들은 교육이야말로 나라를 살리는 길이라고 믿었고, 같은 이유에서 전 세계 국가 중 대부분이 국민이라면 반드시 이행해야 할 의무 교육을 실시하고 있다. 현재 한국은 초등 6년, 중등 3년을 의무 교육 기간으로 정하고 있다.

교육은 지식이나 기능 따위의 가르침만이 아니라 인간성에도 적용되기에, 인간이 지닌 모든 자질을 조화롭게 발달시키는 '전인 교육(全人敎育)'이나 장소에 관계없이 전 생애에 걸쳐 배워야 한다는 '평생 교육'이란 말도 생겼다.

우리말 사전

○ **공부(工夫)** 학문이나 기술을 배우고 익힘.
○ **학습(學習)** 배워서 익힘.
○ **교육(敎育)** 지식과 기술 따위를 가르치며 인격을 길러 줌.

'삼국유사'와 '삼국사기'의 차이

역사, 청사, 유사, 사기

◆ **역사**

"도서관에서 도현은 정치와 <u>역사</u>에 관한 책을 닥치는 대로 주워 읽었다." (손창섭, 《낙서족》)

인류가 살아온 시대는 크게 선사(先史)와 역사(歷史)로 구분할 수 있다. '선사 시대'는 문헌 사료가 전혀 존재하지 않는 석기 시대와 청동기 시대를 이르고, '역사 시대'는 문자로 쓰인 기록이나 문헌 따위가 있는 시대를 이르는 말이다.

인류는 기록을 통해 후손에게 지식과 지혜를 전해 줄 수 있었다. 그리고 덕분에 후손들은 역사를 살펴보면서 배워야 할 점이나 해서는 안 될 일을 알 수 있게 됐다. '역사는 돌고 돈다'라는 격언이 있듯, 사람과 문명만 달라질 뿐 반복되는 인간사가 많은 까닭이다.

역사는 기본적으로 인류 사회의 변천과 흥망 과정에 대한 기록을 의미한다. 그중 정통적인 역사 체계에 의하여 정확한 사실을 쓴 기록을 '정사(正史)'라고 하고, 민간(民間)에서 사사로이 기록한 역사를 '야사(野史)'라고 한다.

중국 진나라 역사가 진수(陳壽)가 위·촉·오 삼국 시대를 기록한 《삼국지(三國志)》는 정사이고, 명나라 작가 나관중이 쓴 소설 《삼국연의(三國演義)》는 야사이고, 고려 인종 때 김부식이 왕명에 따라 편찬한 《삼국사기(三國演義)》는 정사이고, 고려 충렬왕 때 승려 일연이 쓴 역사책 《삼국유사》는 야사이다.

역사는 후대에 참고가 되므로 이병주는 《행복어사전》에서 다음과 같은 글을 썼다.

"그분들은 돌아가시고 그분들의 가르침이 남아 **역사**와 더불어 하나의 종교로 발전한 것 아니겠소?"

◆ 청사

"마준 중위의 고귀한 희생은 호국의 넋으로 **청사**에 빛날 것이며 거룩한 뜻으로 영원히 추모될 것입니다." (이원규,《훈장과 굴레》)

역사를 이르는 다른 말로는 '청사(靑史)'가 있는데, 이는 글을 쓸 수 있는 재료에서 비롯된 말이다. 옛날에 종이가 발명되기 전에는 참대(대나무)를 주요한 필기 재료로 이용했는데, 면이 깨끗하고 잘 썩지 않기에 글쓰기에 적당했다. 흔히 푸른 참대를 쪼개서 껍질 부분을 불에 구워 푸른빛과 기름을 뺀 다음 거기에 중요한 사실을 기록했다.

이처럼 푸른 대쪽에 글을 쓴 일에서 비롯하여 역사 기록을 청사라고 칭했으며, 뒤에 내려오면서 종이에 기록하는 역사도 청사라고 하게 됐다. 일반적으로 '청사에' 꼴로 쓰이며 '청사에 아로새기다', '청사에 길이 빛날 일' 등과 같이 말한다.

◆ 유사

"고려의 일연 스님이 쓴 《삼국**유사**》는 '옛날 환국에 서자 환웅이 있어'로 시작한다." (일요서울 2024.2)

청사가 역사상의 기록을 가리킨다면, '유사(遺事)'는 죽은 사람이 남긴 실적이나 공적을 이르는 말이다. 유사는 원래 '세상에 널리 알려지지 않은 일'을 이르는 말이었으나 어느 순간 의미가 바뀌었는데, 그에 대해 다산 정약용은 《아언각비(雅言覺非)》에서 다음과 같이 썼다.

유사는 역사가의 기록에서 빠졌거나 숨겨져 있는 일을 글로 발표함을 의미한다, 예컨대 개원유사(開元遺事)는 당나라 현종 때의 숨겨진 비화이다. 그런데 지금 사람들은 유사를 옛날의 일처럼 잘못 인식하여 일생의 자취나 조상 대대로 벼슬한 사실을 자세히 기록하고 이름하여 유사라 말하는데, 이는 잘못된 명칭이다.

따라서 일연의 《삼국유사》는 단군에서부터 고구려, 백제, 신라에 이르기까지 덜 알려진 사적들을 발굴해 후손에게 알리고자 기록한 역사책임을 알 수 있다. 다시 말해, 행여 잊힐까 염려하며 애써 자료를 찾아내 기록한 고대 한국사가 곧 《삼국유사》인 것이다.

그렇지만 정약용의 지적이나 승려 일연의 노력과 상관없이 유사는 오늘날 예로부터 전하여 오는 역사적으로 중요한 사건이나 공적을 뜻하는 말로 쓰이고 있다.

◆ 사기

"사마천의 《사기》에 나오는 강려자용에서 제왕의 소통 부재를 엿

볼 수 있고⋯" (서울신문 2012.1.)

그런가 하면 '사기(史記)'는 역사적 사실을 기록한 책을 일컫는

말이다. 사기라는 말 자체는 역사 사(史)와 기록할 기(記)이지만,

중국 한나라 사마천이 상고(上古)의 황제로부터 전한(前漢) 무제에

이르기까지 역대 왕조의 사적을 엮어 《사기》라 명명한 데서 비롯

된 명칭이다.

사마천은 《사기》에 이러저러한 일을 냉정히 기록함으로써 후

대인에게 도움이 되도록 했고, 실제로 많은 사람이 《사기》에 기록

된 일들을 공부하여 여러 일을 처리하는 데 참고했다. 김원일 소

설 《불의 제전》에도 그런 쓰임새가 보인다.

"인간이 만드는 역사의 거울이 <u>사기</u>라면, 자연과 인간의 본심을 거

울로 삼는 것이 예라고나 할까."

📖 우리말 사전

○ **역사** 인류 사회의 발전과 관련된 의미 있는 과거 사실들에 대한 기록.

○ **청사** 역사상의 기록.

○ **유사** 예로부터 전해 내려오는 실적이나 공적.

○ **사기** 역사적인 사실을 기록한 책.

'해우소'에서
근심을 비우다

화장실, 뒷간, 변소, 해우소

◆ 화장실

"배설의 마무리를 어떻게 해치웠는지도 모를 지경으로 나는 허겁

지겁 **화장실**에서 나왔다." (김원우,《벌거벗은 마음》)

예부터 사람들은 배설하는 모습을 남에게 보이고 싶어 하지 않

았다. 하여 용변 볼 일이 있으면 타인의 눈에 잘 띄지 않는 후미진

곳으로 가서 해결했고, 권력자나 부자들은 전용 공간을 따로 만들

어 이용했다. 평민도 용변 해소 공간을 집에 만들었으나 허술해서

악취의 진원지 역할을 했다. 이런저런 이유로 그런 장소에 대한 언급은 물론 "용변을 보러 간다"라는 말조차 금기어처럼 여겨졌다. 하여 다양한 명칭이 생겼으니, '화장실'이 대표적이다.

1596년 영국인 존 해링턴이 '물탱크와 물을 뿜어내는 배수 밸브가 있는 나무 걸상'을 고안해 냄으로써 근대적 의미의 수세식 변기가 탄생했다. 이때 해링턴은 용변 보는 곳임을 은유적으로 알리고자 '물이 있는 작은 방'이란 뜻의 '워터 클로짓(water closet)'이라고 명명했다. 직접적으로 알리는 일을 천박하게 여겼기 때문이다. 이 수세식 변기가 설치된 리치몬드 궁전 곳곳의 문에는 약자 W.C.가 표기됐고 훗날 화장실을 나타내는 기호처럼 널리 퍼졌다.

영국뿐만 아니라 프랑스 상류층도 실내에 처음 용변 보는 곳을 두었을 때 세면대 옆에 화장품을 놓아두고 간단히 손을 씻거나 화장하면서 '투알레트(toilette)'라는 말을 썼다. 귀족들은 거리를 걷다 용변 보고 싶으면 커다란 보자기로 가리고 해결했는데, 그 천 역시 투알레트라고 불렀다. 이 말이 영국에 전해져 화장실이 갖추어진 공간을 이르는 '토일렛(toilet)'이 되었다.

영어 낱말 어원을 살핀 이유는 현재 우리나라에서 널리 쓰이는 화장실이란 말의 어원이 영어인 데 있다. 18세기 영국 상류층 가정 침실에는 파우더 클로짓(powder-closet)이 있었는데 용변을 본 후 손을 씻거나 가발에 가루를 뿌리는 방이었다. 이곳을 번역한 우리말이 '화장하는 방'이란 뜻의 화장실(化粧室)인 것이다.

◆ 뒷간

"강 포수가 **뒷간** 쪽으로 막 돌아가려 하는데 뭣이 팔랑하고 눈앞을 스친다." (박경리, 《토지》)

배설에 대한 금기 정서는 우리나라 역시 마찬가지여서, 똥오줌 누는 곳을 '뒷간'이라고 호칭했다. 뒷간이란 말은 1459년 《월인석보(月印釋譜)》에 처음 나타나며, 조선 실학자 홍만선은 《산림경제(山林經濟)》에서 뒷간에 들어가기에 앞서 기침으로 알리고 안에서 침을 뱉지 않는 등의 관습이 중요하다고 말했다.

뒷간으로 급히 가는 심정과 해결한 뒤의 느낌은 누구나 다 알기에 '뒷간에 갈 적 마음 다르고 올 적 마음 다르다'라는 속담도 생겼다. 일이 아주 급할 때는 매달리다가 그 일을 마치면 모른 체하고 지낸다는 뜻이다.

◆ 변소

"우유와 강냉이떡을 배급받아 오던 그 애가 **변소** 뒤편에서 떡 세 개를 삼키다 들통이 났다." (박영한, 《머나먼 송바강》)

조선 시대에 한자(漢字)를 중시한 사람들은 뒷간 대신에 '변소(便所)'나 '측간(廁間)'이라고 말했다. 변소는 용변 보는 곳을 이르는 '변소간(便所間)'의 줄임말이고, 측간은 살림채에 붙어 있지 않고 뒷마당이나 한쪽 옆에 별채 형태로 따로 떨어져 있는 곳이란 뜻이다. 우리말 뒷간을 한자어 변소보다 직접적이라고 생각해 평민들도 한자어로 말한 흔적을 박완서 소설《그 많던 싱아는 누가 다 먹었을까》에서 찾아볼 수 있다.

뒷간이 어디냐고 묻는 나에게 엄마는 **변소**는 안집 식구들이 다 다녀 나온 다음에 가는 거라고 했다.

◆ 해우소

"동사(東司)는 측옥 또는 **해우소** 등으로 불리는 변소이다." (허균,《사찰 장식 그 빛나는 상징의 세계》)

그런가 하면 절에서 화장실을 일컫는 용어 '해우소(解憂所)'는 1935년 통도사 주지를 지낸 경봉 스님이 만들었다. 원래 절에서는 용변 보는 곳을 '정랑(淨廊)', 즉 깨끗한 복도라고 호칭했다. 1953년부터 1982년 입적할 때까지 통도사 극락암에 머물렀던 경봉 스님은 어느 날 법문을 통해 다음과 같이 말했다.

"세상에서 가장 급한 것은 자기 자신이 누구인지를 찾는 일이다.

하지만 중생들은 정작 급한 일은 잊어버리고 바쁘지 않은 것을 바쁘다고 말한다. 휴급소(休急所)에서 다급한 마음 쉬어 가고, **해우소**에서 근심 걱정 버리고 가면 그게 바로 도를 닦는 일이 아닐까.”

이처럼 스님은 소변을 다급한 마음, 대변을 큰 걱정이라고 은유적으로 표현했다. 이 표현이 대중에게 공감을 얻으면서 해우소는 몸속에 있는 걱정거리를 떨쳐 내는 곳, 나아가 번뇌가 사라지는 곳으로 통용되기에 이르렀다.

화장실, 뒷간, 변소, 해우소 그 용어가 무엇이든 이 역시 대소변을 연상시키는 말이다. 그러므로 누군가와 함께 있다가 용변 때문에 부득이 자리를 비워야 할 경우 “잠시 손을 씻고 오겠다”, “세수 좀 하고 오겠다”, “잠깐 거울을 보고 오겠다” 등등으로 에둘러 말하는 어법도 있다.

 우리말 사전

○ **화장실(化粧室)** 화장하는 데 필요한 설비를 갖추어 놓은 방.
○ **뒷간(뒷間)** ‘변소’를 완곡하게 이르는 말.
○ **변소(便所)** 대소변을 보도록 만들어 놓은 곳.
○ **해우소(解憂所)** 근심을 푸는 곳이라는 뜻으로, 절에서 ‘변소’를 달리 이르는 말.

'친정'은 그리운 곳이자 사랑스러운 '뜰'이다

마당, 뜰, 정원, 친정

◆ 마당

"벌써 말 잔등에서 내려서 **마당**에 앉아 전사자가 된 이가 수두룩하다." (김남천,《대하》)

　'마당'은 넓은 땅이란 뜻을 가진 '맏'에 접미사 '-앙'이 결합하여 현재와 같은 형태가 되었다. 집의 앞이나 뒤에 평평하게 닦아 놓은 땅을 이르는 말로써, 정약용은 《아언각비(雅言覺非)》에서 탈곡하는 곳을 마당이라 한다고 하였다.

마당은 빈터를 뜻하므로 잘 가꾸어 놓은 정원과는 달리 의식주에 직접 관계되고 다목적 기능을 한다. 보통 전통적인 농가에는 안마당과 뒷마당이 있는데, 한적한 뒷마당은 된장이나 간장 등을 저장하는 장독대나 우물 또는 화단을 설치하는 장소로 썼다.

이에 비해 안마당은 더운 여름에 온 가족이 모여 이야기하고, 가을에는 추수한 곡식을 타작하고 말리는 장소로 썼다. 또한, 마당은 관혼상제 때 멍석을 깔아 많은 사람을 접대하는 곳으로 이용됐다.

이처럼 마당은 일회성 행사나 잔치를 벌이는 곳이기에, 어떤 일이 이루어지고 있는 '곳'이란 의미와 더불어 어떤 일이 이루어지는 '판이나 상황'이란 뜻도 지니게 됐다. 넓은 마당에서 벌어지는 민속놀이를 '마당놀이'라 하고, 판소리나 탈춤에서 단락 세는 단위를 '한 마당'이라 말하는 이유다.

◆ 뜰

"가을바람은 여전히 휘불어 불빛 없는 강녕전 앞뒤 뜰에 낙엽을 몰아다 놓았다." (박종화, 《금삼의 피》)

마당이 집의 앞이나 뒤에 평평하게 닦아 놓은 땅이라면, '뜰'은 집 안의 앞뒤나 좌우로 가까이 딸려 있는 빈터를 가리킨다. 뜰은 어느 정도 넓이를 갖춘 평평하고 식물이 자라는 땅이기에 어떻게 보면 집 안에 있는 들이라고 할 수 있다. 뜰에 화초나 나무를 가꾸기도 하고, 푸성귀 따위를 심기도 한다. 마당에는 아무것도 없이 빈터인 게 보통이고, 뜰에는 화초나 나무가 있는 게 보통이다.

마당에는 잡초가 우거지고 뜰의 나무는 꺼칠하게 제멋대로 가지를 뻗어 서글픈 감회만 자아낼 뿐이다. (유진오, 《구름 위의 만상》)

◆ 정원

"안채는 'ㅁ' 자 집이며 **정원**에는 분재 수석이 가득했다." (황석영, 〈폐허, 그리고 맨드라미〉)

뜰은 정서적 느낌이 강한 말인 까닭에 바라보는 심정을 담은 관련어도 생겼다. '뜰아래'는 지대가 높은 마루나 방 쪽에서 뜰을 볼 때 이르는 말이고, '바깥뜰'은 집 바깥쪽에 있는 집채에 딸린 뜰을 가리킨다.

비슷한 말인 한자어 '정원(庭園)'은 울타리로 둘러싸인 집 안쪽에 있는 뜰을 말한다. 뜰이 넓게 펼쳐진 시야를 강조한다면, 정원은 집안사람만 볼 수 있는 폐쇄성에 방점이 찍혀 있다.

◆ 친정

"명환이 안사람을 <u>친정</u>에 보낸 지도 근 열흘이 되어 간다." _{(한수산,}

《유민》)

그런가 하면 시집 간 여자의 본래 집을 뜻하는 한자어 '친정(親庭)'은 친한 뜰, 사랑스러운 뜰이라는 뜻이다. 결혼한 여자의 부모 형제 등이 사는 집은 시집가기 전에 방에서 종종 바라봤던 뜰이 있는 그리운 곳임을 일러주는 말이다.

여성이라는 이유로 집 밖으로의 나들이 하기가 어려웠던 옛날에는 따뜻한 봄 햇살이 내리쬐던 뜰에 핀 예쁜 꽃과 열매가 맺혀 보기 좋았던 가을 나무가 있는 고향의 뜰은 무척 그리운 장소였을 것이다.

 우리말 사전

○ **마당** 집 앞이나 뒤에 딸린 빈터.
○ **뜰** 집안에 있는 평평한 빈터.
○ **정원(庭園)** 집 안에 있는 뜰이나 꽃밭.
○ **친정(親庭)** 시집 간 여자의 본래 집.

왜 누구는 '사람'이고
누구는 '인간'일까?

사람, 인간, 인물

사람 ◀— 비슷한 말 —▶ 인간 ◀— 관련된 말 —▶ 인물

◆ 사람

"<u>사람</u>과 곡식은 가꾸기에 달렸다." _(우리나라 속담)

'사람'의 어원의 대해서는 여러 설이 있다. 우선 한자어 사람 인
(人) 자는 사람이 옆으로 서 있는 모습을 나타낸 상형문자이지만,
남녀가 만난 음양의 합일 결과 아이가 생겨나기에 음 획과 양 획
두 획으로 구성됐다는 그럴듯한 풀이도 나왔다.

우리말 '사람' 역시 두 가지 어원이 있는데, 육신을 뜻하는 '살'

또는 '생(生)'을 뜻하는 '살다'의 '살'에 명사파생접사 '음'이 더해져 '사름'으로 쓰이다가 '사람'이라는 현대말 어형으로 변했다는 설이 유력하다. 즉, 우리 육신에 생명이 붙어 있는 동안 살아가는 존재가 사람이라는 것이다.

그렇지만 사람에 대한 사전적 정의는 조금 어렵다. '생각하고 언어를 사용하며 도구를 만들어 쓰고 사회를 이루어 사는 동물' 또는 '직립 보행하고 언어와 도구를 사용하며 문화를 향유하고 생각과 웃음을 가진 동물'이라 설명하고 있으니 말이다. 이런 풀이를 종합하여 공통점을 찾으면, 사람은 기본적으로 언어를 사용하며 더불어 사는 문화적인 동물이다.

그런 연장선상에서 생긴 '사람은 남 어울림에 산다'라는 속담은 남들과 어울려 사귀는 맛에 산다는 뜻이고, '사람마다 저 잘난 맛에 산다'라는 속담은 세상에는 수많은 사람이 있으나 남이야 어떻게 보든 저마다 자기가 가장 잘났다고 생각하며 산다는 뜻이다. 이에 비해 '사람 같지 않다'라는 관용어는 공존해야 할 사람으로서 마땅히 지녀야 할 품행이나 덕성이 없음을 표현한 말이다.

그리고 다음 예문에서 보듯 일반적으로 '사람'은 하나의 개체를 나타낸다.

- 아들 성진을 낳은 이후 두 **사람**은 갑자기 원앙처럼 가까워졌다.

  (홍성원,《육이오》)

- 중심가에 가까워졌는지 거리를 오가는 <u>사람</u>들이 점점 더 많아졌

  고…. (황석영,《낙타 눈깔》)

- 인가가 가까워지니까 그래도 희끗희끗 <u>사람</u>의 그림자가 보인다.

  (염상섭,《무화과》)

◆인간

"<u>인간</u>이 자연의 돌을 가공하는 것은, 자연을 조금씩 정정하여 개조

하기 시작했다는 것을 뜻한다." (미하일 일리인,《인간의 역사》)

순우리말 사람에 대응하는 한자어 '인간(人間)'은 '인생세간(人生
世間)'의 줄임말이다. 사람이 사는 세상이라는 의미이며, 신들이 살
고 있다는 저 세상인 천상계(天上界)에 대응하여 이 세상을 가리키
는 말이다. 인간이 '세상'이라는 의미로 쓰인 흔적은 '인간도처유
청산(人間到處有靑山)'이나 '인간만사새옹지마(人間萬事塞翁之馬)'라는
유명한 말에 남아 있다. 인간이 쓰인 자리에 세상을 넣어도 같은
뜻임을 알 수 있다.

하지만 지금은 인간을 사람의 동의어나 유의어로 많이 쓰고 있
는데, 이는 세상을 이르는 '전통적 한자어 인간'에 애초부터 '사람
을 가리킨 일본식 한자어'가 더해진 결과이다.

인간은 사람과 사람 사이를 이르는 복수형이므로 여럿을 아우

른 개념으로 쓴다. 중요 무형 문화재 보유자들을 이르는 '인간문화재', 사회에 해만 끼칠 뿐 쓸모없는 사람들을 속되게 이르는 '인간쓰레기', 행실이 아주 못된 사람을 이르는 '인간말종' 따위가 그런 쓰임새를 보여 준다.

인간은 유목 생활을 했던 중석기 시대부터 양을 길렀고, 고대 그리스인은 인간의 다양한 희로애락을 표정과 행위로 보여 주고자 연극을 발명했으며, 신앙을 가진 인간은 신의 가르침을 믿고 따르고, 현대인은 무난한 사회생활을 위해 인간관계에 신경 쓴다.

인간은 사람의 됨됨이나 품성을 의미하기도 한다. '인간 같지 않다'라는 관용어는 사람으로서 마땅히 지녀야 할 품행이나 덕성이 없음을 표현한 말이고, "저 인간은 덜됐어"라고 말했을 때의 인간은 함께 살아가는 존재로서 자격이 없는 인격이나 사람의 됨됨이를 뜻한다.

◆ **인물**

"형걸이 모친 윤 씨가 친히 승교를 타고 가서 간선을 한 것이니, 인물도 나무랄 데 없을 거라고 생각했다." (김남천, 《대하》)

그런가 하면 '인물(人物)'은 원래 사람과 물건이라는 뜻이다. 《한서(漢書)》의 〈광형전(匡衡傳)〉을 보면 '인여물야(人與物也)', 즉 사람과

물건이라 했고 생김새나 허우대를 가리켰다. (인품이 아닌) 겉으로
드러난 모습이 인물이고 사물처럼 여겨지는 대상인 것이다.

"인물이 좋아"라고 말했을 때의 인물은 뛰어난 외모를 뜻하고,
"앞으로 큰 인물이 될 거야"라고 말했을 때의 인물은 걸출하여 내
세울 만한 사람을 의미한다.

다시 말해, 인물은 물건처럼 구하거나 평가할 수 있는 존재이
다. 그래서 사람의 여러 잘잘못에 대한 평가를 인물평(人物評)이라
하고, 어떤 일을 하기에 마땅한 사람이 없거나 모자라는 어려움을
인물난(人物難)이라고 한다. '개똥밭에 인물 난다'라는 속담은 변변
치 못한 집안에서 훌륭한 인물이 나는 경우를 이를 때 쓴다.

 우리말 사전

○ **사람** 언어와 도구를 사용하며, 문화를 향유하고 생각을 가진 동물.
○ **인간(人間)** 사고와 언어 능력을 바탕으로 문명과 사회를 이루고 사는 동물.
○ **인물(人物)** 생김새나 됨됨이로 본 사람.

'운명'과 '숙명'에
자신을 맡기지 말라

운명, 숙명

운명 ◄── 비슷한말 ──► 숙명

◆ **운명**

"어차피 닥쳐오는 <u>운명</u>에 거역한다고 해서 시원한 일이 있어 본 일
이 없었다." (유주현, 〈하오의 연정〉)

'운명(運命)'은 인간을 포함한 우주의 일체를 지배한다고 생각되
는 초인간적인 힘을 이르는 말이다. 절대적 영향력을 발휘하므로
모든 것이 운명에 달려 있다고 생각하는 사람이 많으며, 어떤 일
에 부닥쳤을 경우에는 "피할 수 없는 운명"이라고도 말한다. 이때

의 운명은 초인간적인 힘에 의해 이미 정해져 있는 처지를 의미하는 까닭이다.

역사를 살펴보면 9세기 말엽 지방의 호족들이 각기 큰 세력으로 성장하면서 신라의 운명이 풍전등화 상황으로 치달았고, 1388년 이성계가 압록강 위화도에서 군사를 돌렸을 때 고려 국왕의 운명은 바람 앞의 촛불 같았으며, 1910년 일제에게 우리나라의 통치권을 강제로 빼앗겼을 때 한국인들은 각종 권리를 침탈 당하는 운명에 처했다.

이렇듯 운명은 '예고된 비장한 통지'와 같은 느낌을 주므로 앞으로 닥칠 여러 가지 일이나 앞으로의 생사나 존망에 관한 처지라는 의미로도 쓰인다. 사람이 늙어서 죽는 것은 피할 수 없는 운명이고, 환경 보호는 세계 자연의 운명과 관련된 일이며, 외교 협상에서는 정치 지도자의 안목과 판단력에 국가의 운명이 걸려 있다. 그렇다면 운명은 거부할 수 없고 바꿀 수 없는 필연이란 말인가? 이에 관해 참고할 수 있는 일화가 있다.

명나라 초대 황제 주원장이 어느 날 밤 중앙 교육 기관인 국자감을 방문했다. 주방 요리사가 차 한 잔을 올렸는데 그 맛이 무척 좋았다. 크게 만족한 황제는 그 자리에서 요리사에게 벼슬을 내렸고, 이 소식은 금방 퍼졌다. 다시 발길을 옮기던 황제는 국자감에서 공부하던 늙은 생원이 신세 한탄하는 말을 우연히 창밖에서 들었다.

"10년 공부가 어찌 차 한 잔만 못하단 말인가?"

황제는 그 말을 듣고 이렇게 대꾸했다.

"요리사의 재주가 그대와 같지 않고, 그대 운명이 요리사 같지 않아서이니라."

주원장은 가난한 소작농 아들로 태어나 억지로 승려 생활을 하다 중국을 통일하고 명나라의 초대 황제 자리까지 오른 입지전적인 인물이다. 주원장의 이야기는 운명은 사람마다 다르고, 행운이나 노력 여하에 따라 인생이 변할 수 있다는 사실을 전한다. 이와 비슷한 말로 '그대 자신이 달라지라. 그러면 그대의 운명도 달라지리라'라는 포르투갈 속담도 있다.

◆ 숙명

"과거가 다르고 국적이 달라서 두 사람 사이의 거리감은 어쩌면 숙**명**적인 것인지도 모른다." (홍성원,《육이오》)

운명이 인간을 그렇게 되어 가게 만드는 초인간적인 힘이라면, '숙명(宿命)'은 태어날 때부터 이미 정해진 운명을 이르는 말이다. 숙명의 '숙(宿)'은 '잘 숙' 또는 '별자리 수'라는 한자이다. 숙명설(宿命說)에 따르면 사람의 운명은 저마다 특정한 별자리에 의해 이루어지므로 피할 수 없다. 또한, 인생에서 벌어지는 일은 그 사람의 전생으로부터 정해진 운명에 의해 예정된 것이라서 어떻게 해도 인간의 의지로는 바꿀 수 없다는 이론이다.

숙명설을 신봉하는 사람은 자신의 가난을 숙명으로 여기고 살거나, 모든 일을 숙명에 맡기고 노력하지 않으며, 불합리한 일들도 아무런 반항 없이 숙명이라 생각하며 받아들이곤 한다. 숙명을 벗어날 수 없는 굴레처럼 여기며 받아들이든, 자신의 의지로 바꿀 수 있다고 믿으며 노력하든 각자 판단할 일이다.

 우리말 사전

○ **운명(運命)** 인간을 포함한 모든 것을 지배하는 초인간적인 힘.
○ **숙명(宿命)** 태어날 때부터 타고난 정해진 운명.

불완전한 보호막과
강력한 벽

울타리, 담, 장벽

담 ◀── 관련된 말 ──▶ **울타리** ◀── 관련된 말 ──▶ 장벽

◆ 울타리

"내가 살던 마을에는 집집마다 탱자나무 울타리가 많았다." (나희덕,

《반통의 물》)

'울타리'는 원래 싸리·대나무 따위를 얽어 경계를 지어 막은 물
건을 뜻했다. 다시 말해, 풀이나 나무 등을 엮어 세워 빙 둘러서
공간을 보호하는 물체를 울타리라고 했다. 울타리로 보호되는 공
간은 대체로 좁았기에, 좁고 제한된 생활 범위에서 벗어난다는 뜻

의 관용구 '울타리를 벗어나다'도 생겼다.

옛날 가난한 서민의 집에서는 대부분 가시나무를 심어 울타리로 삼았다. 날카로운 가시나무의 대표인 탱자나무에는 3~5센티미터 길이의 억센 가시가 가지마다 촘촘히 박혀 있어 타인의 침입을 막을 수 있었던 까닭이다. 조선 시대에 변방으로 쫓겨난 관리들의 유배지에도 울타리를 쳐서 타인의 접근을 막았고, 가축을 보호하는 공간도 울타리로 둘러싸곤 했다.

울타리는 헐거운 편이라서 심리적 차단을 상징했을 뿐 방범 기능으로는 허술했다. 그래서 아이들은 남의 집 울타리에 개구멍을 만들어 드나들고, 과수원 울타리를 넘나들며 서리질하곤 했다. 이런 문화에서 탄생한 '울타리가 허니까 이웃집 개가 드나든다'라는 속담은 자신의 약점을 남이 알고 업신여김을 비유적으로 이르는 말이다. 전상국은 저서 《바람난 마을》에서 다음과 같은 문장도 썼다.

마누라는 (…) **울타리** 구멍으로 훔쳐본 병삼이네 황소의 그 가관스러운 흘레 얘기를 들려주는 것이었다.

어쨌든 울타리는 외부의 위험으로부터 지켜주는 보호막과 동시에 특정한 공간을 상징하기에 '회사라는 울타리에 갇혀서' 또는 '방송사 울타리 안에서' 따위처럼 쓰기도 한다.

◆담

"돌담 아래는 흙을 돋구어 화단이 마련되어 있고, 거름기 없는 화초들이 대엿 치쯤 가냘프게 자랐다." (한무숙, 〈유수암〉)

울타리가 밖에서도 보이는 불완전한 보호막이라면, '담'은 흙이나 돌로 조금 더 튼튼하게 집 둘레나 일정한 공간을 둘러막은 것을 이르는 말이다. 일반적으로 사람이 편하게 머무는 방(房)은 벽으로 막고, 땅과 건물은 담을 쌓아 보호한다. 담을 쌓는다는 건 내부를 볼 수 없게 하는 행위이므로 외부로부터의 단절 및 격리를 상징한다.

이에 연유하여 '담을 쌓고 벽을 친다'라는 속담은 의좋게 지내던 관계를 끊고 서로 철저하게 등지고 사는 걸 비유적으로 이를 때 쓴다. 같은 맥락에서 '담을 쌓았다 헐었다 한다'라는 속담은 이렇게도 궁리하고 저렇게도 궁리함을 비유적으로 이르는 말이다. 염치가 조금도 없는 사람을 가리켜 "염치와 담을 쌓은 놈"이라 낮잡아 말하기도 한다.

우리나라의 전통적인 담은 사람 키보다 낮은 편이어서 안팎에서 서로 볼 수 있고, 나쁜 마음을 먹은 도둑이 밤에 담을 넘어 안으로 들어갈 수도 있다. '사흘 굶어 담 아니 넘을 놈 없다'라는 속담은 아무리 착한 사람이라도 몹시 궁하게 되면 못하는 짓이 없게 됨을 비유적으로 이르는 말이다.

◆ 장벽

"달균이 당숙네 식구들과 절골 마을 사람들과는 교통을 하고 사는 것일까. 서로 절벽처럼 드높이 **장벽**을 쌓아 올린 채 살아가는 것일까." (한승원, 〈겨울 폐사〉)

그런가 하면 가로막을 장(障), 벽 벽(壁)으로 이뤄진 '장벽(障壁)'은 밖을 높이 가려 막은 벽을 의미한다. 장벽은 넘나들 수 없는 철저한 차단하거나 무엇을 하지 못하게 막는 방해되는 것을 비유하는 말로도 많이 쓴다.

이를테면 장애인의 출입이나 움직임이 제한된 건물 구조를 '건축 장벽', 새로운 동물의 다른 영역 침입을 방해하는 축축한 땅을 '장벽 습지', 수입품에 높은 관세를 부과하여 국내 산업을 보호하는 기능을 '관세 장벽', 각기 다른 언어를 쓰는 사람들의 불편한 의사소통을 '언어 장벽'이라고 한다. 요컨대 울타리, 담, 장벽 순으로 차단이 강력한 셈이다.

우리말 사전

○ **울타리** 풀이나 나무 따위를 얽거나 엮어서 담 대신에 경계를 지어 막는 물건.
○ **담** 집 둘레나 일정한 공간을 둘러막기 위하여 흙·돌·벽돌 따위로 쌓아 올린 것.
○ **장벽(障壁)** 넘나들 수 없도록 사물과 사물 사이를 가리어 막은 벽.

'이방인'은 '주변인'이 되기 쉽다

이방인, 주변인, 들러리, 잉여인간

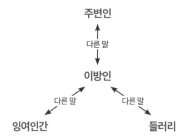

◆ **이방인**

"내가 그 절망의 늪에서 일어나 세상 밖으로 기어 나왔을 때 내가 처음 느낀 것은 <u>이방인</u>이구나, 그거였다." (박경리, 《토지》)

구한말, 이 땅에는 벽안(碧眼)의 '이방인(異邦人)'이 하나둘 들어왔다. 19세기 중엽에는 파란 눈을 가진 외국인이 관리들의 눈을 피해 잠입한 뒤 몰래 선교했고, 19세기 말엽에는 호기심을 안고 미국이나 유럽에서 찾아온 사람도 있었다. 이때의 이방인은 그저 다

른 나라 사람을 가리켰고, 김동리의 소설 《사반의 십자가》에서도
당시 이방인의 의미를 확인할 수 있다.

"자기는 **이방인**이니까 다른 나라의 풍속이나 물정을 모르는 것도
무리가 아니잖느냐 하는 태도요."

그런데 1942년 프랑스 작가 알베르 카뮈가 발표한 소설 《이방
인》이 세계적 베스트셀러가 되면서 그 의미가 달라졌다. 카뮈는
작품에서 인생의 부조리(不條理)를 설파했는데, 이 부조리라는 말
은 카뮈가 처음 사용한 말로 삶의 의의를 찾을 희망이 없는 절망
적 상황을 가리킨다. 바꾸어 말하면, 자신과 연결되어 있다고 생
각했던 것들이 사실은 모두 단절되어 있다고 느끼는 순간 이방인
이 된다. 이런 감정을 두고 작가 최인호는 《지구인》에서 다음과
같이 표현했다.

그는 낯선 세계에 홀로 떨어진 **이방인** 같고 아무런 말도 할 수 없
었다.

'이방인 혐오증'이란 용어도 있는데, 다른 인종 또는 다른 나라
에서 온 사람을 병적으로 싫어하고 미워하는 생각이나 증세를 이
르는 말이다. 이방인 혐오증은 대개 인종이나 민족 차별주의에서

비롯되지만, 경제적 불황이 심하여 외국인에게 화살을 돌릴 때도
일어난다.

◆ **주변인**

"그 스스로 정체성을 확립하려면 <u>주변인</u>적 처지에서 벗어나야만

한다." (국민일보 2004.1.)

이방인이 낯선 존재라면, '주변인(周邊人)'은 그 어디에도 완전하
게 속하지 않는 사람이다. 주변은 어떤 대상의 둘레를 이르는 말
이니 주변인은 중심에 속하지 못한 사람임을 알 수 있다. 반면에
독일의 심리학자 쿠르트 레빈은 생활 양식, 사고방식, 언어, 문화
등이 서로 다른 두 개의 집단에 속해 있는 사람들을 주변인이라고
정의했다.

다시 말해, 소속 집단을 옮겼을 때 원래 집단의 습관이나 가치
를 버리지도 못하고 그렇다고 새로운 집단에도 적응하지 못하는
사람을 의미한다. 경계선상에 있기에 '경계인'이라고도 한다.

보통 '청소년기(靑少年期)'가 여기에 속한다. 청소년기는 바야흐
로 이성에 의한 행동을 시작하고, 사회적 관계를 확대하며, 자기
에 대한 자각을 시작하지만 여러 면에서 부적응 상태이므로 일종
의 과도기적 시기라고 할 수 있다. 동시에 이 시기에 있는 사람들

은 무엇인가에 정열과 사랑을 쏟고 싶은 충동을 느낀다.

이 때문에 청소년기를 다양하게 해석하는 표현이 늘어났다. 장자크 루소는 '제2의 탄생', 홀링워드는 '심리적 이유기(離乳期)', 독일의 샤로테 뷜러는 '제2반항기', 미국의 제임스 마크 볼드윈은 '지주적 단계'라고 파악했다. 우리나라에서는 '사춘기(思春期)'라는 표현을 쓴다. 인생의 시작(春)에 대하여 진지하게 생각하는(思) 시기(期)라는 뜻을 담고 있다.

◆ 들러리

"수령이 노략질하는 데 그 들러리 역할이나 하며 같이 백성을 뜯어 먹고 있었다." (송기숙, 《녹두장군》)

주변인이 시기적으로 아직 가장자리에 있을 뿐 언젠가 중심에 들어설 사람이라면, '들러리'는 중심인물의 주변에서 그를 돕거나 그를 돋보이게 하는 인물을 이르는 말이다. 홍성원의 소설 《무사와 악사》에서 그런 예를 볼 수 있다.

기범은 주로 이 여학생을 만나 보기 위해 나를 들러리로 거느리고 자주 예배당을 찾아간 것이다.

들러리의 어원은 '둘러리'이며 둘레에 있는 사람 또는 주위에 있는 사람이란 뜻이다. 서양의 경우 결혼식에서 신랑이나 신부를 식장 안으로 인도하거나 가까이에서 돌보며 거들어 주는 사람을 들러리라고 말한다. 이때의 들러리는 신랑 신부를 돋보이게 해 주는 역할을 한다.

◆ **잉여인간**

"어느 날 사업을 정리하고 백수가 되자, 아무짝에도 쓸모없는 <u>잉여인간</u>으로 전락한 듯한 기분을 맛봤다." (월간 산 2020.2)

그런가 하면 '잉여인간(剩餘人間)'은 아무 데도 쓸모없는 사람을 의미한다. 잉여가 쓰고 난 후 남은 것을 뜻하니, 잉여인간은 '쓸 데가 없어 남는 사람'인 셈이다. 이 용어는 1850년 러시아 작가 이반 투르게네프가 단편 소설 〈잉여 인간의 일기〉를 발표하면서 널리 유행하기 시작하였다. 주인공 오블로모프는 모든 면에서 총명하고 재산도 많으나 만사를 귀찮게 여기면서 게으르고 무기력한 사회생활을 했기에 잉여인간의 한 전형으로 여겨졌다.

잉여인간은 기준을 어디에 두느냐에 따라 해당하는 사람이 달라진다. 노동 생산성으로 보면 늙은이는 젊은이에게 잉여인간으로 비춰질 수 있고, 사용자 관점에서 보면 젊은이마저 로봇에 밀려 잉여인간으로 보일 수 있다. 따라서 로봇과 인공지능이 나날이 발달하는 세상에서 잉여인간은 누구에게든 남의 일이 아니라고 볼 수 있다.

 우리말 사전

○ **이방인(異邦人)** 다른 나라에서 온 사람.
○ **주변인(周邊人)** 둘 이상의 이질적인 사회에 속해 있으나 어디에도 완전히 속하지 않은 사람.
○ **들러리** 어떤 일을 할 때 일의 주체가 아닌 곁따르는 노릇이나 사람을 비유적으로 이르는 말.
○ **잉여인간(剩餘人間)** 쓸모없고 남아도는 인간.

'정문'은 원래
광화문이었다?

정문, 후문, 뒷문

정문 ←─ 다른 말 ──→ 후문 ←─ 비슷한 말 ──→ 뒷문

◆ **정문**

"**정문**의 경비병들은 총을 들이대고 그에게 신분증을 내놓으라 했
다."(이상문, 《황색인》)

　일반적으로 건물의 주요 출입문을 '정문(正門)', 뒤로 난 문을 '후
문(後門)' 혹은 '뒷문'이라고 말한다. 후문이나 뒷문의 반대어는 전
문(前門) 또는 앞문임에도 건물 정면에 있는 문만 다르게 부르는
까닭은 무엇일까?

정문이라는 낱말은 조선 개국공신 중 한 명인 정도전이 만들었다, 그는 경복궁이 완공되자 태조 이성계에게 다음과 같이 건의했다.

임금은 남쪽을 바라보면서 바름(正)을 근본으로 삼아 정치해야 합니다. 임금의 바른 명령이 **정문**을 통하여 나가면 허위가 사라져 바른 정치가 이루어지고, 상소나 복명도 반드시 정문을 통하게 하면 허위나 참소는 들어오지 못할 것입니다. 정문으로 어진 이를 부르시되 간신들을 출입하지 못하게 하소서.

태조는 그 말에 동의하여 경복궁 남쪽 문을 '정문'이라 명명했다. 동서남북 네 방향에 둔 궁궐 문 중 유일하게 남쪽 문에만 출입구를 세 개 만들고, 가운데 큰 문을 정문이라 했다. 그곳으로는 국왕과 왕비만 드나들었고, 동쪽 문으로는 문반 고위관리들이 출입하고, 서쪽 문으로는 무반 고위관리들이 출입했다.

세종 8년(1426)에 정문을 '광화문(光化門)'으로 고쳤는데, 이는 《서경》의 '광피사표(光被四表) 화급만방(化及萬邦)'에서 따온 말이다. '빛이 사방에 비치며, 온 세상을 고르게 하는 문'이라는 뜻이다.

그렇지만 정문이란 말은 계속 쓰였고, 대궐이나 관아의 삼문(三門) 중 가운데에 있는 문을 가리켰다. 그 영향으로 근대 들어 관공서나 큰 규모의 건물에 드나드는 주요 출입문도 정문이라 불렀다. 정문에는 대개 경비실이 있거나 제복을 입은 경비원이 출입자를 감시한다.

◆ 후문

"북한산 순례길 중 보광사 쪽으로 4·19 국립 묘소 **후문**을 만들자는 제안도 있었다." (서울신문 2010.7.)

'후문'이란 낱말에는 두 가지 뜻이 담겨 있다. 역사적으로는 고려 말기에서 조선 전기에 이르기까지 우리나라와 여진족이 공식적으로 왕래하던 함경도에 있는 국경 '관문(關門)'을 가리켰다. 후문은 조선이 국토를 개척함에 따라 차차 북쪽으로 위치를 옮겼는데, 북쪽을 뒤로 생각하던 정서에서 나온 명칭이었다.

다른 하나는 건물 뒤쪽으로 난 문을 의미했다. 우리나라 전통 주택은 대부분 남쪽에 출입문을 두었으므로 후문은 곧 북쪽으로 나가는 문이었다. 조선 시대 대궐은 북쪽에 왕실 전용 쉼터를 둔 구조였기에 궁궐에 있는 정원을 후원(後苑)이라고 불렀다. 박종화의 소설 《다정불심》에서 그런 표현을 볼 수 있다.

창황한 왕의 걸음은 다시 봉선사 솔밭을 넘어서 대궐 **뒷문**으로 후원을 거쳐 내전 지밀에 돌아갔다.

◆ 뒷문

"손이 빈 김 씨는 잠시 자리를 피하여 **뒷문**을 통해 늦점심을 먹으러 나갔다." (이호철, 〈고여 있는 바다〉)

궁궐에는 정문, 후문, 옆문 두 개가 있었으나, 백성이 사는 집에는 앞문 하나만 있거나 앞문이나 뒷문만 있을 뿐이었다. 뒷문으로 남들 모르게 드나드는 일이 많았기에 '앞문으로 호랑이를 막고 뒷문으로 승냥이를 불러들인다'라는 속담도 생겼다. 겉으로 공명정대한 체하나 뒷구멍으로 온갖 나쁜 짓을 하는 경우를 이르는 비유적인 표현이다.

또한, 서민들은 옆으로 난 문도 '뒷문'이라고 호칭했다. 이때의 뒤는 방향을 따지는 게 아니라 주요 출입문 이외의 문 혹은 나가는 통로를 의미한다. 비슷한 맥락에서 오늘날 우리는 버스의 두 출입문 중 내리는 문을 뒷문이라고 부르고 있다.

🔖 **우리말 사전**

○ **정문(正門)** 건물의 정면에 있는 주요 출입문.
○ **후문(後門)** 뒤나 옆으로 난 문.
○ **뒷문(뒷門)** 뒤나 옆으로 난 문.

'족보'는 근본을 강조하고 '계보'는 맥락을 강조한다

족보, 계보

족보 ◄── 관련된 말 ──► 계보

◆ 족보

"수천 년을 헤아려 족보라는 것을 간직하고 있는 집안이란 하나의 거대한 유기체다." (이병주, 《관부 연락선》)

'족보(族譜)'는 중국에서 비롯된 말로 여겨진다. 현존하는 족보로는 명나라의 《가정각본(嘉靖刻本)》이 가장 오래됐으며, 이는 조선 초기의 족보 형성에 영향을 끼쳤다. 우리나라에서는 고려 시대부터 족보가 등장했지만, 현재까지 전해져 오는 족보 중 문헌적으로 믿을 수 있는 가장 오래된 족보는 성종 때인 1470년에 만들어진 안동 권씨 족보이다. 이 안동 권씨 족보를 《성화보(成化譜)》라고도 한다.

족보는 16세기 중엽 '문중제(門中制)' 정착과 더불어 활발히 간행되었다. 문중은 성과 본이 같은 가까운 집안을 이르는 말이다. 족보는 문중에서 제작과 관리를 맡았고, 대개 20년이나 30년을 주기로 작성했다. 한 세대를 잡아 작성해야 하는 까닭이다. 그러므로 족보에 오르려면 적어도 20~30년은 살아야 한다.

초기에 발간된 족보에는 외손도 빠짐없이 수록했기에 족보를 보며 직계와 방계를 구별해 위계를 정했다. 그러나 남녀 차별이 심해지면서 점차 남성 위주로 기록하게 되었다. 어쨌든 족보는 조상이 누구인지 거슬러 살펴볼 수 있으므로 '족보를 따지다'라는 관용어는 어떤 일의 근원을 밝힌다는 의미로 쓰이기도 했다. 또한, '가난한 집 족보 자랑하기다'라는 속담은 자랑할 만한 게 없어서 조상 자랑만 늘어놓는다는 뜻이다.

근대에 이르러서는 이전에 출제된 시험 문제를 정리해 둔 내용을 '족보'라 말하고, 연예인에 관심이 많은 젊은이는 아이돌 그룹을 남녀로 구분하고 다시 데뷔 순으로 배열한 목록을 '아이돌 족보'라고 말하기도 한다. 혈통이 아닌 원조 및 근본에 방점을 둔 말이다.

◆ 계보

"아시안컵 득점왕 **계보** 누가 이을까" _(국민일보 2024.1.)

족보가 한 가문의 계통과 혈통 관계를 적어 기록한 책이라면, '계보(系譜)'는 조상 때부터 내려오는 혈통과 집안 역사를 적은 책이다. 가문이 계승되어 온 연속성을 기록한 것이고, 기본적으로는 혈통의 생물학적 사실에 따라 연속적인 서열을 정한다.

연속성을 중시하는 계보는 혈연관계뿐만 아니라 학풍이나 사조(思潮) 따위가 계승되어 온 상황을 거론할 때도 쓰인다. 소크라테스에서 플라톤을 거쳐 아리스토텔레스에 이르는 위대한 사상적 계보는 서양 학문에 엄청난 영향을 주었고, 자연주의나 사실주의 등의 문학적 계보는 독자가 관심 가진 분야의 소설 흐름을 파악하는 데 도움을 준다. 미술과 음악에도 계보가 있고, 이른바 '슈퍼 히어로'로 불리는 초능력 공상 과학 영화에도 영웅 계보가 있으며, 심지어 주먹을 휘두르는 건달 세계에도 왕초 계보가 있다.

요컨대 족보는 근본을 강조하고, 계보는 연속적인 맥락을 강조한다.

📖 우리말 사전

○ **족보(族譜)** 한 씨족의 계통과 혈통을 기록한 책.
○ **계보(系譜)** 학맥, 인맥 등이 과거로부터 전해 온 맥락.

말맛은 살리고 표현은 섬세해지는 우리말 수업

우아한 단어 품격있는 말

© 박영수 2024

1판 1쇄 2024년 5월 23일
1판 2쇄 2024년 6월 17일

지은이 박영수
펴낸이 유경민 노종한
기획편집 이지윤
유노책주 김세민 이지윤 **유노북스** 이현정 조혜진 권혜지 정현석 **유노라이프** 권순범 구혜진
기획마케팅 1팀 우현권 이상운 **2팀** 이선영 김승혜 최예은
디자인 남다희 홍진기 허정수
기획관리 차은영
펴낸곳 유노콘텐츠그룹 주식회사
법인등록번호 110111-8138128
주소 서울시 마포구 월드컵로20길 5, 4층
전화 02-323-7763 **팩스** 02-323-7764 **이메일** info@uknowbooks.com

ISBN 979-11-7183-027-5 (03700)